やんちゃワークで実践！

# 発達に遅れや偏りがある子の“楽しい学び”が見つかる本

古島 千尋
ナガオ考務店

〈 **注意とお願い** 〉

本書および『やんちゃワーク』の教材は、お子さんの発達をうながすための1つの選択肢として作成・発行しているものです。「このプリントができれば大丈夫」「社会性を育てることがゴール」などと意図して発行しているものではないことをご理解いただけますと幸いです。

保護者の方のご利用にあたっては、「家で何をしたら良いかわからない」「子どもの得意なことを増やしたい」「楽しく学べる教材が欲しい」などのご要望にお応えするためのツールとしてご理解ください。

教員および専門家の方のご利用にあたっては、お子さんの特徴を十分にアセスメントした上でご利用いただきたく思います。子どもの力は、家庭や教育現場を始め、様々な他者との関わりを通して育まれていくものであり、「特定の教材に取り組めば良い」というものではありません。やんちゃワークの教材は、特定の理論に基づいて作成しているものではなく、独自の理論に基づいているわけでもありません。巻末にまとめて記載している先行研究や文献から得た知見をベースとしつつ、様々な理論を基に、筆者の経験も踏まえて作成しております。プリントを課題別で分類していますが、「各課題の教材が達成できれば良い」ということではなく、あくまでも、お子さんが楽しく、笑顔で豊かな生活を送ることができるようになることの一助として作成しているものです。

以上をご理解いただいた上でのご利用をお願い致します。

# はじめに

本書を手に取ってくださった方には、このような悩みがあるかもしれません。

◎ 子どもが勉強をしてくれない
◎ 家でプリントをやりたいけれど、何のプリントを使ったら良いかわからない
◎ 家でプリントをしようとすると、親子でイライラしてしまって、うまくいかない
◎ 何度練習しても覚えられない科目がある
◎ プリントの使い方が書いてある解説書はあるけれど、間違えた時の関わり方がわからない

どの悩みも、お子さんにその子らしく笑顔で成長してほしいという想いからのことかと思います。一方で、特にご家庭では、お子さんに合った教材を選ぶことや、お子さんの勉強へのモチベーションを上げることは大変難しいことです。大人が頑張って勉強の環境を用意しても、お互いイライラして終わってしまった、なんてことも多いのではないでしょうか。

そこで作成したのが、『やんちゃワーク』です。やんちゃワークは、子どもの発達を専門とする公認心理師が作成した、子ども向けの無料プリントです。やんちゃワークのwebサイトにプリントを公開することで、すべてのプリントが無料でダウンロードできるようにしました。やんちゃワークのwebサイトでは、プリントを9種類の課題に分けて掲載しています。それぞれのプリントには、お子さんのモチベーションを引き出す工夫をたくさん散りばめています。どのプリントも、「プリントに取り組む時間が、お子さんだけでなく、大人にとっても楽しい時間であってほしい」という願いから作ったものです。

本書では、やんちゃワークの特徴や使い方のほか、お子さんがプリントに取り組む時に大人が準備しておきたいことや、学習環境の整え方について詳しく解説しています。また、9種類の課題の説明や、お子さんの困り事への対応を、できる限り詳しくまとめました。このページは、特別支援領域でお子さんと関わる先生方だけでなく、ご家庭や学校でも十分ご活用いただける内容になっているかと思います。各プリントの説明では、お子さんが回答を間違えた時の関わり方について、具体例を掲載しています。

やんちゃワークは、子どもの発達を専門とする公認心理師が作成しており、発達に遅れや偏りのあるお子さんが使いやすいような構成としています。しかし、障害やその傾向の有無に限らず、どのお子さんにも使いやすいプリントとなっています。本書で解説している内容も同様ですので、多くの方にご活用いただけると幸いです。

本書を通して、学びの時間が笑顔であふれることを心から願っております。

**やんちゃワーク管理人**
**古島千尋**

目 次

# chapter 1

# 『やんちゃワーク』ってなに？

やんちゃワークは、公認心理師が監修・作成している、

子ども向けの無料プリントです。

本章では、やんちゃワークの考え方や特徴を

いくつか取り上げ、詳しく説明しています。

なぜやんちゃワークのプリントは対象年齢で分かれていないのか、

どのような課題の分け方をしているのかを知っていただくことで、

さらにプリントが使いやすくなります。

**やんちゃワークは、**

**子どもの発達を専門とする**

**公認心理師が監修・作成している、**

**子ども向けの無料プリントです。**

お子さんと関わる仕事をする中で、

「こんなプリントが無料であったら良いな」と思うプリントを、

経験や理論に基づいて作成しています。

やんちゃワークのプリントを作る時に1番大切にした考え方が、『プリントを年齢で分けず、課題(=伸ばしたい力)で分ける』ということです。現在、手にすることができるプリントやドリルには、多くの場合対象年齢が書かれています。「小学2年生用の算数のプリントは…」などと、教材を選ぶ方も多いのではないでしょうか。確かに、その方がプリントを探しやすいかもしれません。もしその方法でお子さんが力を身に付けることができれば、その方法で良いでしょう。しかし、もし何度くり返しても力が身に付かない場合、その選び方はお子さんに合っていないのかもしれません。

例えば、ひらがなを覚えられないお子さんに対して、ひたすらに文字を書かせることは、力を伸ばすことになるでしょうか。なぜ覚えられないのか、どのような力の苦手さが影響しているのか、どのように得意な力を活かせば覚えられるのか、そのようなことを把握し、お子さんの得意・不得意に合わせた方法を選ぶことが大切です。

このお子さんの場合、文字の形をとらえることの苦手さから、ひらがなを覚えられないのかもしれません。形をとらえることが苦手なお子さんに対して、見本を見せてくり返し書かせることは、あまり効果的とは言えません。例えば手先が器用であれば、毛糸で文字の形を作ってみることで、すぐに覚えられることがあります。これが、お子さんの得意・不得意を活かした方法です。つまり、まずはお子さんの得意・不得意を把握することが大切なのです。

そのような理由から、やんちゃワークでは、プリントを『課題(=伸ばしたい力)』ごとに分けて作成しています。お子さんにはそれぞれ得意・不得意があり、成長や発達のスピードも違うのが当たり前です。「○歳であれば、これはできて当然」とは考えず、得意な力を活かしたり、苦手なことにはじっくりと取り組んだりして学ぶことが、力を伸ばすことにつながるのです。

やんちゃワークの課題は、全部で9種類あります。この9種類の課題には、学習面だけでなく、日常生活やコミュニケーションで必要な力も取り入れています。

9種類の課題は以下の通りです。なんとなくイメージのつく課題から、聞き馴染みのない課題まで、様々かと思います。これらの課題やそれに対応するプリントについては、3章(P.35 〜)で詳しく説明をしています。

**9種類の課題**

| | | |
|---|---|---|
| 1 イメージする力 | 2 注意・集中力 | 3 見て理解する力 |
| 4 運動 | 5 記憶力 | 6 言葉 |
| 7 感情 | 8 社会性・コミュニケーション | 9 数に関する力 |

# やんちゃワークのwebサイト

すべてのプリントは、やんちゃワークのwebサイトに掲載されており、誰もが無料でダウンロードしてご利用いただけます。

本書は、やんちゃワークのwebサイトに掲載されているプリントの使い方について解説しています。いわばプリントを使う時のガイドラインや手引きのようなものです。本書の内容を実践してみたい、と感じた方は、やんちゃワークのwebサイトからプリントをダウンロードしてご利用ください。

やんちゃワークのwebサイトには、プリントのほかに、課題の説明やプリントの使い方、おすすめの教材やおもちゃの紹介を掲載しています。

やんちゃワークのwebサイト( https://yanchawork.com )

# 教材やおもちゃの紹介

## webサイトのコンテンツ

私はこれまで、お子さんと関わる仕事の中で多くの教材やおもちゃを使ってきました。プリントのような机上の学習も大切ですが、お子さんの力は、机上だけで育つものではありません。たくさんの人と関わり、たくさん遊び、身体を動かしながら、様々な力をつけていくのです。

そこでやんちゃワークのwebサイトでは、これまでに様々な場面で効果を感じた教材やおもちゃを多数紹介しています。私が気に入っているポイントやおもちゃの特徴、どのような使い方をすることで、どのような力の成長につながるのかについて、専門的な視点も交えながら説明しています。単にお子さんと遊ぶだけではなく、『どのような力を伸ばしたいか』を意識して遊ぶことで、様々な楽しみ方が見つかるでしょう。詳しくは、webサイト内の『おもちゃ紹介』のページをご覧ください。

おもちゃ紹介のページ( https://yanchawork.com/toy/ )

コラム 1

## やんちゃワーク姉妹サイト『にほんごワーク』

読者の皆さんは、日本で外国人を見かける機会が多くなったと感じませんか？ それもそのはず、法務省による在留外国人統計によると、2013年には206万6,445人だった在留外国人は、2020年には288万7,116人にまで増えています。これは単純計算で、7年間で82万人以上の在留外国人が増加していることになります。そしてこの数は、今後も増加を続けることが予想されています。

急速に外国人が増えたことによって、その子どもたちも増えています（ここでは、外国にルーツを持つ子どもを、外国人児童生徒と表記します）。それにともなって、表面化してきた課題もたくさんあります。その1つが、『日本語の指導をどうするか』です。文部科学省によると、日本語指導が必要であるにもかかわらず、学校で何の支援も受けていない子どもが1万人以上います。また、教員の日本語指導のスキル不足や人材不足などから、日本語を教えたくても教えられない、日本語を習いたくても習えないという状況が各地で起こっているのです。

私も、仕事柄多くの外国人児童生徒に出会ってきました。「どのような助言が良いのか」を知りたく勉強を重ねる中で、数多くの課題があることを知りました。「何かできることがあるのではないか」と考え開設したのが、『にほんごワーク』です。にほんごワークでは、文字学習につながる力を育てるプリントや、日本のルールを学べるプリント、教師と保護者とのやり取りで使えるプリントなど、公認心理師の専門性を活かして作った教材を多数掲載しています。

現在は、日本語指導だけでなく、学校での自立活動や療育機関での指導、日本人のご家庭での学習など、多くの場面でご利用いただいています。やんちゃワークのプリントを使ってくださる方にも使える教材がたくさんありますので、ぜひご活用ください。

コラムにある問題のほかに、不就学やヤングケアラーなど、外国人児童生徒を取り巻く課題はたくさんあります。日本社会のどこかに、誰にも見つかることなく苦しんでいる子どもがいます。まずは、現状を知ることが大切だと考えています。私もまだまだ勉強中です。ご興味のある方は、下の参考文献から現状を知ってみてください。『にほんごワーク』は、多様な人々が共に支え合い、笑い合える社会であることを願っています。

にほんごワークのページ（https://nihongowork.com/）

**参考文献**

毎日新聞取材班（2020）『にほんでいきる』明石書店
荒牧重人ら（2017）『外国人の子ども白書 権利・貧困・教育・文化・国籍と共生の視点から』明石書店
田中宝紀（2021）『海外ルーツの子ども支援 言葉・文化・制度を超えて共生へ』青弓社
出入国在留管理庁『在留外国人統計（旧登録外国人統計）統計表』
（https://www.moj.go.jp/isa/policies/statistics/toukei_ichiran_touroku.html）2021年10月アクセス

# chapter 2

# 大人の役割ってなに？

本章では、お子さんがプリントに取り組む時の大人の役割について解説をしています。

実際にプリントに取り組むのはお子さんですが、

お子さんが「楽しかった！」「またやりたい！」と思えるようにするためには、

大人に知っておいてほしい役割があります。

# 大人の役割ってなに？

お子さんがプリントに取り組む時、大人にはどんな役割があるのでしょうか？
実際にプリントに取り組むのはお子さんですが、大人のちょっとした工夫があることで、
楽しく安心してプリントに取り組むことができたり、難しい問題に何度も挑戦できたりすることもあります。
もし、ご家庭で勉強をする時に、親子でイライラして終わってしまう方がいらっしゃったら、
次の2つの役割をちょっとだけ意識してみてください。

## 1｜子どもの「できた！」を増やそう！

## 2｜子どもが集中しやすい環境を作ろう！

それぞれについて詳しく解説していきます。

# 1｜子どもの「できた！」を増やそう！

～「できた！」につなげる4つの方法～

大人の役割で最も大切なことは、お子さんの「できた！」を増やすことです。私たちは、「できた！」と思える経験があると、少し面倒なことでも頑張れることがありますよね。これはお子さんも同じです。プリントに取り組んでいる時に、「できた！」が増えると、気持ち良く勉強に向かうことができます。

そしてもう1つ。「できた！」という達成感の積み重ねは、お子さんの「頑張ったらできるかもしれない」「難しいけれど挑戦してみよう」という気持ちを育てます。そしてこの気持ちの育ちは、お子さんが新しい力を身に付けたり、人との関わりを拡げたりすることにつながっていくのです。

ここでは、そんな「できた！」につなげる4つの方法を取り上げます。



もしかすると、どれも当然のことと思うかもしれません。「わかってはいるけれど、実践できない」という方もいらっしゃるでしょう。では、具体的にどのような工夫をすると、この4つが実践できるでしょうか。

ここからは、それぞれの工夫の方法について、具体的な関わり方と、『なぜ効果的なのか』という背景について解説します。

## ① 子どもをたくさんほめよう
### ～実はたくさんある、ほめ方の種類～

お子さんの「できた！」を増やそうと思った時、何よりも大切なことは、『ほめる』ということです。当たり前のようで、これが一番難しいことかもしれません。「ほめよう、ほめよう」と思っても、鉛筆の持ち方や姿勢が悪かったり、やる気がなさそうだったりすると、どうしてもできていないことが気になってしまうこともあるでしょう。大人の「ちゃんとやってほしい…」「頑張ればすぐに終わるのに…」という期待が大きいほど、お子さんの『できていること』よりも、『できていないこと』の方が目に付きやすくなってしまうものです。

しかし、『できていないこと』は一度横に置いておいて（ぐっとこらえて！）、『できていること』だけに目を向けてみましょう。「できていることなんてありません！」という方もいらっしゃると思いますが、『座っている！』『鉛筆を持った！』『こちらを見た！』だけでも良いです。どんなことでも、『できていること』をしっかりほめることは、それだけでお子さんのモチベーションを上げる第一歩になります。

そして、実際にお子さんをほめる時は、お子さんが「ほめられた！」と実感するようにほめましょう。大人はほめているつもりでも、それがお子さんに伝わっていなければ、効果はありません。お子さんがほめられていると実感できるように、右のイラストのようなほめ方をしてみましょう。

お子さんによって、心地良いほめられ方は様々です。お子さんに合った方法を探してみましょう。コラム2（P.22）では、「そうは言ってもほめるって難しい！」「ほめてと言われることが辛い…」という方向けに、ほめることと同じような効果のある関わり方を紹介しています。そちらも合わせてご活用ください。

良いところを具体的に伝えましょう

花丸や100点、コメントをつけましょう

サインを送りましょう

できたねシールを活用して、できた感を持たせましょう

## ② 子どもの特徴を知ろう

### ～得意なこと・苦手なことはどんなこと?～

人には必ず、得意なこと・苦手なことがあります。得意な力はお子さんの年齢に関係なく、どんどん伸ばしていきましょう。「〇〇が好き!」「〇〇が得意!」という気持ちは、お子さんの自信を大きく成長させ、様々なことに挑戦する力につながっていきます。

では、苦手なことはどうしたら良いでしょうか。苦手なことにくり返し挑戦し、時間をかけてじっくりと力を育てることも1つの方法です。しかしそればかりでは、失敗することが増えてモチベーションが下がり、『挑戦=嫌なこと、大変なこと』と考えてしまう場合もあります。そこで大切なのが、苦手なことを得意なことで補うという考え方です。例えば、こんな感じです。

**話を聞いていても、覚えておくことが苦手。でも、書くことは得意。**
**先生から言われたことは、メモを取って忘れないようにしています♪**

この場合、苦手な『聞いて覚える力』を、得意な『書く力』で補っています。先生の話をメモしておくことで、先生から言われたことを忘れずに実行することができ、覚えていないからといって叱られることもありません。逆に、できたことをほめられることが増え、自信につながります。また、「苦手だから頑張ってもムダだ」と諦めるのではなく、「この方法なら大丈夫!」と前向きに考えることができるようにもなるでしょう。

このように、得意な力をどのように活かすかという考え方は、お子さんの前向きな気持ちを育てます。そのためには、まずは大人がお子さんの特徴を知っておく必要があります。

それでは、どのように子どもの特徴を知ると良いでしょうか。最初に、あなたの身近なお子さんについて、得意なことや苦手なこと、好きなことや嫌いなことをできるだけたくさん挙げていきましょう。難しく考えすぎずに、「こういうプリントは好きだけれど、こういうプリントは嫌い」でも構いません。やんちゃワークは課題別で分けられていますので、お子さんの特徴を知る手助けにもなると思います。

例えば、こんな風に特徴をつかんでいきましょう。

| | | |
|---|---|---|
| たくさんしゃべる | ▶▶▶ | 話すことが好き、得意 |
| このプリントは終わるのが早い | ▶▶▶ | 得意分野 |
| 神経衰弱が得意 | ▶▶▶ | 見たことを覚えることが得意 |
| おままごとが好き | ▶▶▶ | 見立てる力がある |
| 書くことを嫌がる | ▶▶▶ | 書くことが苦手 |
| 大人がしゃべっているのに話し始める | ▶▶▶ | 聞くことが苦手 |
| 問題文を自分で読もうとしない | ▶▶▶ | 読むことが苦手 |
| このプリントはよく間違える | ▶▶▶ | 苦手分野 |

お子さんの特徴がわかると、苦手なプリントの前に得意なプリントを用意しておくなど、モチベーションを上げる工夫をすることもできます。

そのほかにも、例えばこんな工夫があります。

**◎ 書くことよりも話すことが得意な場合は、答えを言うだけでOKにする**

**◎ 最後に得意なプリントを用意し、「できた！楽しかった！」で終われるようにする**

**◎ 文章に出てくる登場人物を、お子さんが好きなキャラクターに置き換える**

**◎ パソコンが得意な場合は、答えを鉛筆では書かず、パソコンで文字を打って答えてもらう**

**◎ 文章を読むことが苦手な場合は、大人が一緒に読むようにする**

得意なプリントでも、「できて当たり前」と思わず、ほめることを意識しましょう。「さすが、このプリント得意だね～」や、「書くことが本当に上手だよね」などの声かけは、お子さんが自分の特徴を知るきっかけにもなります。

## ③ 間違えた時の関わり方を知ろう

### 〜間違いは成長のチャンス〜

お子さんが答えを間違えた時、「どうしてうまくできないんだろう…」とネガティブに感じる方も多いかもしれません。答えを間違えたわけですから、大人は焦ったり不安に思ったり、お子さんも自信をなくしたりすることがあって当然です。でも実は、お子さんが答えを間違えた時こそ、力を育てる大きなチャンスなのです。なぜなら、一度間違えても諦めずに取り組み、「できた!」で終わることができたとしたら、お子さんの「頑張ったらできるかもしれない」「まずはやってみよう」という気持ちを大きく成長させてくれるからです。

それでは、お子さんが答えを間違えた時、大人はどのような関わり方をしたら良いでしょうか。この時の大人の関わり方によって、その後のプリントへの取り組みや気持ちの育ちは大きく変わってきます。まずは、大人がより良い関わり方を一通り知っておきましょう。

ここでは、2つの関わり方を取り上げます。

**① ポジティブな声かけをしましょう**

| ネガティブな声がけ | ポジティブな声がけ |
|---|---|
| 「違うでしょ!」 | 「惜しい!」 |
| 「また間違えた」 | 「この前やった問題と似ているね」 |
| 「なんでわからないの?」 | 「どこが難しかった?」 |
| 「ちゃんと読んだの?」 | 「もう1回、一緒に読んでみようか」 |

**② ヒントを出しましょう**

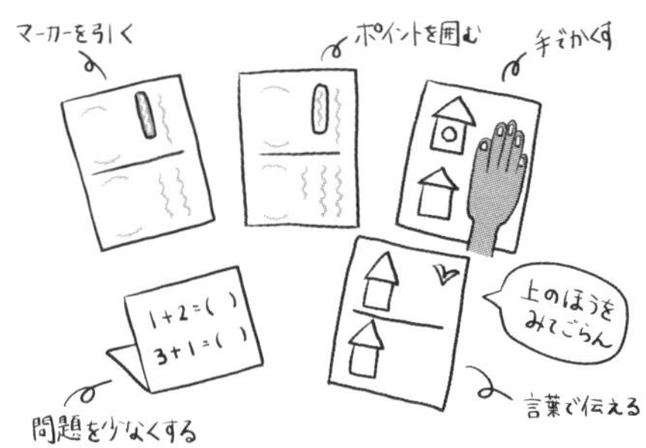


ネガティブな声かけをポジティブな声かけに変え、お子さんに合った方法でヒントを出す、これだけです。ヒントは毎回出すのではなく、お子さんの様子を見ながら、必要な時にだけ出してもらって構いません。一番大切なことは、「できた!」という気持ちで終わることです。コラム5(P.76)では、お子さんが答えを間違えた時に大人が持っておくと良い考え方について、詳しく解説しています。そちらも合わせてご活用ください。

## ④「やだ!」の理由を考えよう

### ～その裏にある、本当の理由～

プリントを見ただけで、「やだ!」「やらない!」と言うお子さんは少なくありません。大人がなんとか気持ちをのせようとあれこれ声をかけても、「やだ!」の一点張り。大人も困り果て、「じゃあもういい!」と言いたくなります。そのような時、大人はどのような関わり方をしたら良いでしょうか。

ここで大切なことは、お子さんがなぜプリントをやりたがらないのかを考えることです。本人に理由を聞いてみると、「面倒くさいから」という答えが返ってくるかもしれません。では、なぜ「面倒くさい」のでしょうか。その「面倒くさい」は、本当に大人が考える「面倒くさい」と同じ意味でしょうか。

お子さんによっては、プリントをやりたくない気持ちや理由をうまく言葉にできず、「面倒くさい」という言葉で表現をすることがあります。この時、「やればできるよ!」などと励ましても、本当の理由に合った声かけではない場合、効果がないことが多いのです。「やだ!」や「面倒くさい」の裏にある、本当の理由を探っていきましょう。

ここでは、実際に考えられる理由をいくつか取り上げます。

下のイラストを見てください。多くの場合が、これらの理由に当てはまるのではないでしょうか。次のページで、それぞれの理由に合った大人の関わり方を見ていきましょう。「やだ!」の裏にある本当の理由に合わせて関わることで、「できた!」という気持ちで終わることができます。こうした経験が積み重なると、プリントに対して「やだ!」と言う頻度も減ってくるでしょう。

| | 理由 | 対応 |
|---|---|---|
| ① | 問題がわからない | **問題の意味や解き方を教えましょう**<br>① ヒントを出す<br>② 実際にやって見せる |
| ② | 遊びたい | **子どもの気持ちに寄り添いながら『遊び』をご褒美にしましょう**<br>①「そうだよね、遊びたいんだよね」と、子どもの気持ちを言葉にして伝える<br>② 何をして遊びたいのかを聞き、「じゃあわかった！ プリントをやったらこれで遊ぼう！ 私（大人）は◯枚やってほしいんだけど、何枚ならできそう？」と聞き、取り組む枚数を約束する（※1） |
| ③ | 問題数が多い気がして、気持ちが乗らない | **ぱっと見の問題数を減らしましょう**<br>① プリントを切って、1問ずつ渡せるようにする<br>② プリントを半分に折って、見た目の問題数を減らす |
| ④ | モチベーションがない | **モチベーションを高める工夫をしましょう**<br>①「じゃあ一緒にやってみようか」「これ、前にやったのと同じだよ、上手にできそうだよ」などと励ます<br>② 子どもが得意なプリントから渡す<br>③「プリントが終わったら〇〇しよう」と、終わった後の楽しみを決めておく<br>④『プリントが◯枚終わったら好きなシールをシール帳に貼る』などのご褒美を決めておく |
| ⑤ | 自信がない | **なぜ自信がないのかを考え、理由に合わせた関わりをしましょう**<br>① 初めてのことが苦手→大人がやって見せる<br>② 間違えることへの不安が強い→大人が間違えて見せる（※2） |
| ⑥ | 疲れている | **疲れている時だからこそできる学びがあります**<br>① 休み方を一緒に考える・数分間机に伏せる・10分間好きな遊びをする・雑談をする<br>② 思い切って、その日の勉強はやめる |

※1 「プリントが◯枚終わったらおしまい」と決めた時は、大人もその枚数を守りましょう。3枚と決めたら、3枚で終わりです。「もう1枚やってみない？」と声をかけたいところですが、それが続いてしまうと、『どうせ約束をしても、たくさんやることになる…』という経験につながってしまいます。本人から言ってこない限り、ここはぐっとこらえましょう。

※2 間違いや失敗への不安が強いお子さんには、以下のように声をかけましょう。

・「間違えても大丈夫だよ」と、ゆっくり穏やかに声をかける。

・「難しい時は、『わからない』って言ってくれたら手伝うからね」など、SOSの出し方を具体的に伝えておく。

ただし、特に不安が強いお子さんの場合は、このように声をかけても効果が見られないことがあります。この場合、焦らず、時間をかけて不安を和らげていくことが必要です。まずは、大人が失敗している姿を見せるようにしましょう。その時、「間違えちゃったけど、もう1回やれば良いよね！」と言って、大人が失敗から立ち直る姿を見せてあげると、安心感が高まります。

コラム 2

## 『ほめて育てる』は、案外難しい

「子どもはほめて育てましょう」という言葉をよく聞きます。誰でも叱られるよりもほめられた方がうれしいでしょう。それは大人も子どもも同じです。では、どうして『ほめて育てる』のが良いのでしょうか。『自己肯定感や自信が育つから』『子どものやる気(意欲)が出るから』など、理由はあります。でも実際、子育ての中で『ほめる』って意外と難しいものですよね。

私は子育て相談や発達特性のあるお子さんの療育、幼稚園や保育園などの巡回相談などを仕事にしていますが、保護者の方からはこんな相談をよく受けます。

「子どもをほめようと思うけど、なかなかほめられない」

「どこをほめたら良いのかわからない。先生、うちの子の良いところって何ですか?」

「できた時にほめようと思って待ち構えていても、なかなかやってくれないから結局叱ってしまう」

育てにくいお子さんを一生懸命育てながら、いろいろなところで相談されてきた保護者の方の中には、「『お子さんをほめてください』と言われるのが辛い。ほめられない自分はダメな親ですよね」と目を潤ませながらおっしゃる方もいました。私は、「そんなことはありません」と答えましたが、日常の中で『ほめる』機会って意外と少ないのが現実だと思います。

実は『ほめる』以外にも、同じような効果がある関わり方があります。それは、『ポジティブなコミュニケーションを増やすこと』です。

### 『ポジティブなコミュニケーション』とは

◎ お手伝いを頼んで、やってくれた部分だけにお礼を言う(できなかった部分は目をつぶる)

◎ 宿題や片づけが終わった時に、「お疲れさま」と言う(ねぎらった後で、内容をチェックする)

◎ お子さんが泣いたり悔しがったり怒ったりしている時には、「悲しかったね」「悔しかったね」と共感する(先に共感をして、お子さんが落ち着いてから助言をする)

◎ 喜んでいる時や笑っている時には、一緒に喜んで、一緒に笑う

◎ 一緒に楽しいことをする(ゲームや漫画でも大丈夫。どんな内容かお子さんに聞くのも効果あり)

こんな感じです。

「え? これだけで良いの?」と思われた方も多いのではないでしょうか。でも意外と、『やってくれた部分』『当たり前のこと』って意識しないと気がつけないものです。つい『やってくれたこと』よりも『できていなかったこと』が目についてお礼を言い忘れてしまったり、いつの間にかお子さんが宿題を終わらせていて労い損ねたりしがちです。日々の忙しい中では見落としがちな部分に気をつけて、お礼を言う、労う、共感することを増やしてみましょう。このようなポジティブなコミュニケーションは、お子さんに「自分は認められている」という感覚を与えます。つまり、『ほめる』と同じような効果になるのです。

一緒に楽しめるものが思い浮かびにくい時には、やん

ちゃワークのサイトに、お子さんの苦手や得意を伸ばす要素もある楽しいおもちゃの紹介がありますので、参考にしてみてください。もちろん、プリントも楽しめる要素がたくさん散りばめられていますので、『訓練』『お勉強』というよりも、お子さんがどんな風に考えて、どんな答えを出すかを聞くような使い方をしてみてください。

最後に、もう1つだけ知っておいてほしいことがあります。『ほめられることがうれしいのは、大人も子どもも同じ』と冒頭に書きましたが、大人になると人からほめられることって少ないですよね。子育てや教育・保育ってすごく大変なのに、『親（先生）なのだから当たり前』と思われがちで、自分でもそう思い込んでしまいがちです。でも、この本を手にとって、コラムまで読んでくださっているあなたは、お子さんのことを思って努力を重ねている人だと思います。

どうか、自信を持って、そして、自分を労ってほめてくださいね。さあ、今から、明日の自分とお子さんのために自分へのご褒美を準備しましょう！

（臨床発達心理士、公認心理師　石川有美）

## 2｜子どもが集中しやすい環境を作ろう！

もう1つの大人の役割は、お子さんが集中しやすい環境を作ることです。

環境を作るって、何でしょうか。一般的に『環境』というと、その空間とか気温とか、そういったことをイメージしやすいかもしれません。ここで言う『環境』とは、部屋を整えることだけでなく、お子さんが勉強に向かいやすいような伝え方や教材の渡し方も含みます。

ここでは、環境作りの具体例として、部屋の環境を整える方法、見通しをもたせる方法、姿勢を正しく保つ方法の3つをご紹介します。

## ① 部屋の環境を整えよう

**～気になるものを減らして集中力アップ～**

お子さんが勉強をする時、周りに『気になるもの』があると集中が途切れてしまうことがあります。下のイラストを見てみましょう。

一見すると、家庭でのよくある勉強風景かもしれません。しかしこの中には、お子さんの気が散りやすくなってしまう原因がいくつも隠れています。

イラストのように、机にプリント以外の物が置いてあったり、関係のない音や声が聞こえてきたりすると、集中が途切れてしまうことがあります。特に家庭で勉強する場合は、いつも遊んでいるおもちゃやゲームなど、お子さんにとって気になるものがたくさんあります。しかし、お子さん自身が「それ、気が散るからどうにかしてくれる?」と言葉にすることは、難しいことでしょう。一度、お子さんが使う机の周りを大人がチェックしてみましょう。

**例えば…**

- **おもちゃが散らかっている**
- **テレビがついている**
- **机の上にプリント以外のものがある**
- **窓の外から子どもの声が聞こえる**
- **掃除機の音がする**

**…など**

ただし、お子さんの集中のためとは言え、すべての環境を完璧に整えることはできません。生活のため、どうしてもそこに置いておかなければならないものも多いでしょう。無理のない範囲で、できることをしていただければ大丈夫です。以下のような方法で、できそうなものがあればやってみましょう。

**見えるものを減らしましょう**

・おもちゃなどの気になるものを片付ける
・おもちゃが見えないように布をかける
・テレビを消す
・机の上を片付ける
・机を壁に向けてくっつける
・カーテンを閉めて外が見えないようにする

**聞こえる音を減らしましょう**

・窓を閉める
・家事を少し離れた場所でする
・ドアを閉める
・余計な声かけをしない

**ここに注意!**

お子さんによっては、少しくらい余計なものがあった方が集中できることもあります。大人でも、静かな場所よりもカフェで仕事をした方がはかどる人、音楽を聞いていた方が集中できる人など、様々です。お子さんの場合は、集中しやすい環境に自分で気づくことは難しいため、大人が意識して様子を見るようにしましょう。

## ② 見通しを持たせよう

**～勉強へのモチベーションを保つ方法～**

お子さんが勉強をする時に見通しを持たせることは、モチベーションのアップにつながります。例えば大人の場合、「今日の仕事はここまで終わらせよう」「◯時までに家事をやってしまおう」「これを頑張ったら、ビールを飲もう!」などと自分で見通しを持つ（決める）ことで、頑張って取り組むことができます。これが、見通しがないとどうでしょうか?「どれくらいやれば良いのか」「いつまでにやれば良いのか」「それをやることで何になるのか」などの見通しがなければ、一気にやる気が落ちてしまい、集中が続きにくくなります。

これは、お子さんも同じです。特にお子さんの場合、大人から「これをやってね」と言われることが多く、主体的に見通しを持つ機会が少ないのです。そのため、いつ終わるのかもわからないことに取り組まねばならず、「やだ!」「面倒くさい!」につながってしまいます。

ここでは、どんな見通しをどのように伝えると良いのかについて、いくつかの方法をご紹介します。しかし、伝えるべき見通しはお子さんによって異なりますので、あくまで参考程度に、実践しやすいようにアレンジしながら効果的なものを探してみてください。

### どんな見通しを伝えたら良いの?

・勉強を始める時間やタイミング
・勉強が終わる時間やタイミング
・プリントを何枚やるか
・休憩はあるか
・休憩で何をするのか
・勉強が終わった後、どんな良いことがあるのか

### どうやって見通しを伝えたら良いの?

見通しの伝え方は、大きく分けてこの2つです。

**① 口頭で伝える**

『口頭で伝える』とは、読んで字のごとく、言葉で伝える方法で、普段皆さんが何気なく実践している方法かもしれません。聞く力が強いお子さんや、勉強の習慣がついているお子さんには、この方法がおすすめです。

**② 見える形で伝える**

『見える形で伝える』とは、見通しを『見える化する』ということです。見る力が強いお子さんや、話を聞いただけでは忘れがちなお子さんには、見通しを見える化して伝えてみましょう。例えば、こんな方法があります。

**▶ やることを書く**



ホワイトボードや紙にスケジュールを書きましょう。終わった項目は消す・線を引くなどして、どこまで進んだのかがわかるようにすると、さらに効果的です。

めいろ
おはなしづくり
まちがいさがし
こんなときどうする
きゅうけい

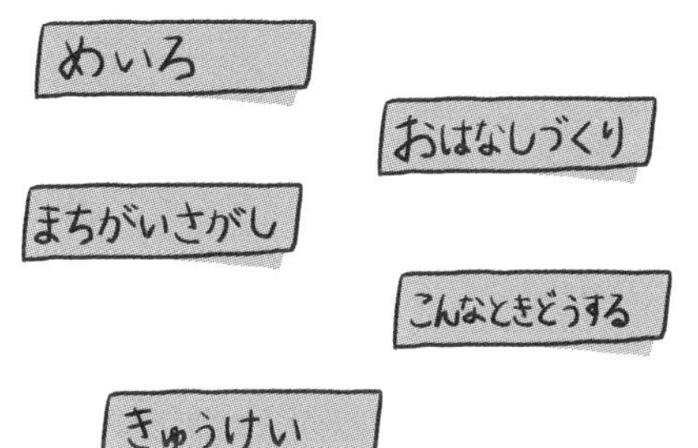

また、やることを付箋に1つずつ書いておき、お子さんに順番を並べ替えて決めてもらうのも良いでしょう。見通しを自分で決められることは、やる気のアップにつながります。

### ▶ 1日のスケジュールを書く

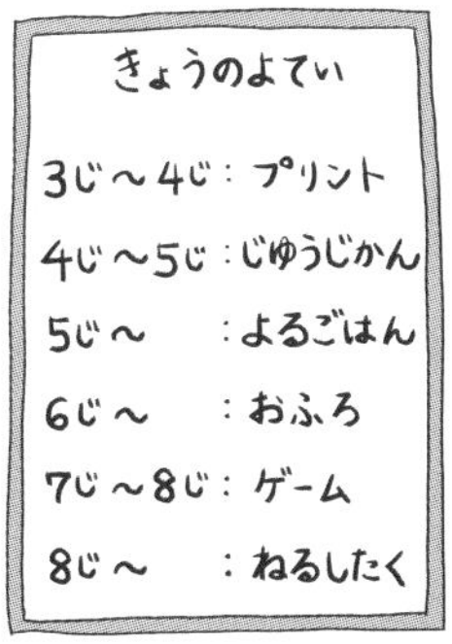

きょうのよてい
3じ～4じ：プリント
4じ～5じ：じゆうじかん
5じ～　：よるごはん
6じ～　：おふろ
7じ～8じ：ゲーム
8じ～　：ねるしたく

だいたいの時間の目安と一緒に、帰宅後のスケジュールを書きましょう。時間だけで書かれたスケジュールではわかりにくい時は、時計の文字盤のイラストなどを使って、イメージしやすいようにしましょう。

### ▶ 時間で終わりを示す

03:45
04:00

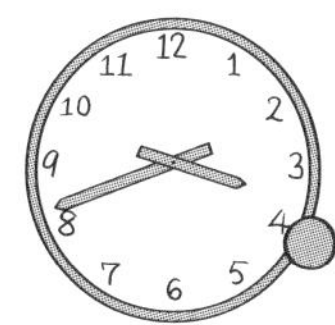

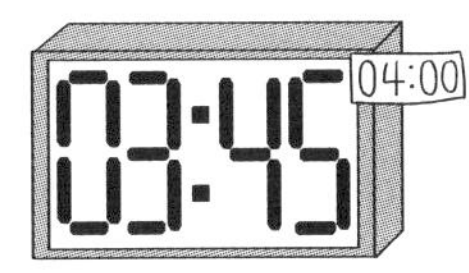

アナログ時計の場合は、「長い針がここに来たらプリントはおしまい」ということがわかるように、時計にシールを貼りましょう。

デジタル時計の場合は、画面の横に終わりの時間を貼っておくと良いでしょう。

大切なことは、見通しを伝えることです。伝える見通しの種類やわかりやすい伝え方は、お子さんによって異なります。様々な方法を試しながらお子さんに合った方法を見つけていきましょう。

## ③ 良い姿勢を保とう
### ～姿勢について理解しよう～

お子さんがプリントに取り組んでいる時、姿勢が崩れたり、足を椅子に上げたり、身体をクネクネと動かしたりすることはありませんか? その時、「背筋を伸ばして!」「足をおろして!」「ちゃんとやりなさい!」と声をかけることがあるかもしれません。一度注意しただけで良い姿勢が続けば良いのですが、そうでない場合の方が圧倒的に多いものです。

プリントに取り組む時の姿勢について、理解するために持っておきたい知識として最も大切なポイントは、姿勢が崩れるのには、必ず理由があるということです。なぜ姿勢が崩れてしまうのかを大人が理解し、その理由に合わせた対応をしていくことが大切です。

ここでは、姿勢の崩れを理解するポイントを、3つご紹介します。お子さんの姿に合わせて、無理のない範囲で取り入れてみてください。

**姿勢が悪いのは、机や椅子が子どもに合っていないから?**

姿勢良く座るためには、机と椅子の高さがお子さんに合ったものであることが大切です。正しい姿勢で座っている状態とは、イラストのように、肘・足の付け根・膝がすべて90度に曲がっていることを言います。机や椅子の高さが合っていないと、前のめりな姿勢になったり、お尻がずり落ちてしまったりすることにつながります。お子さんの座り方をよく観察してみましょう。

椅子は、膝を90度に曲げた時に、足の裏がぴったり地面に着く高さにしましょう。足の裏が地面に着いていないと、大人がバーカウンターの高い椅子に座っている時のように、足のふんばりが効かない不安定な姿勢になってしまいます。これでは、動きたくなるのも当然です。また、足の付け根とお腹の角度も90度になるようにしましょう。机は、椅子に座って腕を机に乗せた時、肘の角度が90度になるような高さになっていると良いです。しかし、「子どもはどんどん大きくなるし…」と、少し大きめの机や椅子を使っている方も多いかもしれません。高さが合ったものを準備することが難しい場合は、以下のような方法で高さを調整してみましょう。

① 椅子が高くて足が地面に着かない場合は、『足台(足を置く台)』を使ってみましょう。段ボールや空き箱、牛乳パックやソフトブロックなどを、お子さんの足元に置いてください。足台そのものが動いてしまわないように、椅子の脚にくくり付けるようにすると、より効果的です。

② 机が高い場合は、座布団や台を置いて、座面を高くしましょう。座面を高くすると足が浮いてしまう時は、①の足台を一緒に使ってみると良いでしょう。

③ お尻が前に出て背中が後ろに倒れてきてしまうお子さんには、一般的に家具用として売られている滑り止めマットを使ってみましょう。滑り止めを座面に敷いて座るだけでも、お尻がずり落ちにくくなります。滑り止めがない場合は、背もたれに箱や厚い本を置いて背もたれの位置を調整すると、身体が後ろに倒れにくくなります。

今一度、お子さんが使っている机や椅子の高さをチェックしてみましょう。

## 姿勢が悪いのは、筋力が育っていないから?

机や椅子の高さを調整しても姿勢が崩れてしまう場合は、身体を支える筋力が十分に育っていないのかもしれません。特に、体幹の弱さは姿勢の崩れにつながります。

体幹とは、読んで字のごとく『身体の幹』となる部分、つまり、胸・背中・腰・お腹・お尻などの筋肉をはじめとする胴体の部分を指します。体幹が十分に育っていないお子さんは、身体を上手に動かしたり、バランスを保ったりすることが難しく、どうしても身体がフラフラと動いてしまうのです。そのため、正しい姿勢を保つためには、人一倍エネルギーが必要で、集中の続きにくさや疲れやすさにつながってしまいます。

ちなみに、運動神経が良ければ体幹が育っているわけではないことにも注意が必要です。例えば、走るのが速いお子さんや鉄棒が上手なお子さんでも、体幹が弱い場合があります。このタイプのお子さんは、手足の筋力や勢いだけでたいていの運動をこなしているからです。逆に、『止まる』ことや『ゆっくり動く』こと、例えば、じっと座っていることや大人とペースを合わせて歩くことの方が、体幹を必要とするのです。

体幹が弱いお子さんは、座っている時にグラグラする身体をなんとか支えようとします。その結果、下のイラストのような姿勢になることがよくあります。

一見すると『態度が悪い』と思われそうですが、これは、身体を支える面積を増やすための姿勢であり、なんとかして『ここにいよう』と頑張っている結果なのです。

このような時は、ある程度の姿勢の崩れは見逃すようにしましょう。姿勢の悪さを注意するよりも、一生懸命身体を支えて机に向かっているその『姿勢』をほめるようにしましょう。そして、別の時間で体幹を育てる遊びや運動を積み重ねていく方が効果的です。体幹を育てる運動遊びには、例えば次ページのイラストのようなものがあります。

子どものうちは、トレーニングをするというよりも、遊びの中で自然と育てていく方が良いでしょう。「継続は力なり」という言葉もあるように、お子さんが楽しめる活動を続けていくことが大切です。道具がなくてもできる遊びがたくさんありますので、ぜひ試してみてください。

## 姿勢が悪いのは、動いていた方が集中できるから？

勉強や仕事をする時に、鉛筆をクルクルと回したり、貧乏ゆすりをしたり、鼻歌を歌ったりしている人を見かけたことはありませんか？ これは、自分で身体に『刺激（触覚や、揺れ、音など）』を入れることで、1つのことに集中しやすくしているのです。

これは大人だけでなく、お子さんにも同じことが言えます。足を椅子に上げたり下ろしたり、身体を動かしたり、しゃべりながらプリントを解いたりしている場合は、もしかすると動いていた方が集中しやすいタイプのお子さんなのかもしれません。しかしお子さんの場合、自分でちょうど良い身体の動かし方を見つけることは、まだできません。そのため、何度も席を立ったり、姿勢が悪くなったりすることがあります。

このような場合には、「動きたい！」という欲求を満たせる環境を用意できると良いでしょう。以下のような方法を参考にして、その場に合ったやり方やルールを決めてみましょう。

### ▶ 動いて良い時間を作る

子どもが集中できる時間は、『年齢×1分』程度と言われています。お子さんが5歳であれば、集中できる時間は5分です。『プリントを2枚やったら、新しいプリントを歩いて取りに行く』など、あえて動いて良い時間を作ることで、気分転換をするのも良いでしょう。また、『プリントを3枚やったら、席を立ってじゃんけんゲームをする』など、動ける活動や遊びをスケジュールに入れておくのもおすすめです。

### ▶ バランスボールに座る

椅子の代わりに、ピーナツ型のバランスボールに座ってみましょう。その時、上のイラストのようにバランスボールを足で挟むようにすると、身体が大きく揺れずに座ることができます。こうすることで、身体に適度な刺激を入れながらプリントに取り組むことができます。

### ▶ 椅子の脚にゴムをつける

その他の方法として、椅子の脚に太めのゴムひもをつけてみるのも良いでしょう。足でゴムを触りながら座ることで、適度に動くことができます。

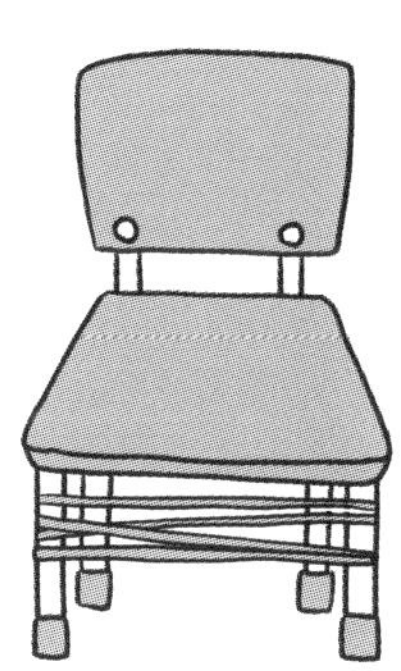

お子さんによっては、空いている手でハンドスピナーを回したり、スクイーズボールを握ったりしながら勉強した方が集中しやすい場合もあります。どのような方法が合っているかはお子さんによって異なりますので、様々な方法を試してみましょう。

ここまで読んでくださった方は、姿勢を正しく保つためのポイントや理解の仕方について、なんとなくイメージすることができたでしょうか?

子どもの姿勢については、日本と海外とでは考え方が異なる部分があります。日本では、姿勢が正しいということが意欲の表れとみなされることが多いですが、海外では、人の迷惑にならなければ、どんな姿勢でも良しとしている国もあります。一人ひとりにとって楽な姿勢で、人に迷惑をかけることなく勉強できる状態を探していくことも1つの手です。

以上が、大人の役割の2つ目、『子どもが集中できる環境を作ろう!』でした。くり返しになりますが、決して無理をする必要はありません。できる範囲、続けられる範囲で大丈夫です。あくまでも目標は、『子どもも大人も勉強の時間を楽しむ』ことです。ただ、もし「これは効果がありそうだ」と思ったことがあれば、ぜひ試してみてください。そして、1つでも気をつけることができた時は、その度にご自身をほめてあげてくださいね。

コラム
3

## 「どうして、こんなことするの？」を考えよう！ ～ABC分析のコツ～

本書を読んでいる皆さんは、お子さんの『できる』ことを増やしたいと思って、本書を活用しているかと思います。そんな皆さんは、お子さんの『気になる行動』(例えば友だちを叩く、泣いて床にひっくり返るなど)があった場合、どのように『気になる行動』と向き合っているでしょうか。

気になる行動があると、「愛情が足りないから…」「障害があるのかも…」などと考えてしまうことがあります。しかし、そういった考え方では、次に何をするべきなのかという、具体的な解決方法が見いだせないことがあります。そこで、気になる行動がなぜ起きているのか（＝要因）をよく観察し、その要因に合わせた対応をしていくことが大切です。

それでは、どのように観察（＝行動観察）をすれば良いでしょうか。

行動観察を上手に行うためには、気になる行動が起きた時に、その直前にどのようなことがあったのか、『気になる行動』の直後にどのような対応をしたのか、というポイントを意識することが大切です。

こうした個人の行動（Behavior）と行動の直前の出来事（Antecedent）、行動の直後の出来事（Consequence）という3つの箱に入れて気になる行動について考えていくことを、それぞれの頭文字を取って、ABC分析と呼んでいます。

どんなときに
A 行動の直前
場面・状況（きっかけ）
**Antecedent**

何をして
B 行動
**Behavior**

どうなったか
C 行動の直後
結果
周囲の変化・周囲の対応
**Consequence**

ABC分析を使って気になる行動を考えると、保護者・先生・友だちといった『お子さんを取り巻く環境』と『お子さん個人』の間で、どのような設定や条件が『気になる行動を引き起こしやすくなるきっかけ』になっているのか、また、どのような対応や環境の変化が、『気になる行動を増やす要因』になっているのかがわかってきます。

実際にABC分析の流れを見ていきましょう。
今回は、『友だちを叩く』という気になる行動を見ていきます。そもそも、『気になる行動が続いている』ということは、その行動が続いている要因があるはずです。

そこでABC分析でまず初めに行うのは、気になる行動の『直後の出来事』に注目することです。

イラストを見てください。『友だちを叩く』という行動を行った後に、叩く前の状況と比べてどのような変化があったのかを考えてみましょう。

上のイラストでは、『友だちに触られた』という状況があり、それが、友だちを叩いた後に、『友だちに触られなくなる』という状況に変わったことがわかります。そうするとこのお子さんは、『触られたことが嫌で叩いたのかもしれない』ということが見えてきます。つまり、『触られなくなる』ということが、叩く行動を増やす要因となったのだということがわかるのです。

次に、下のイラストを見てみましょう。このイラストでは、『先生がいない時に、友だちを叩くと先生が来て怒られる』という、先生がいない状況から、先生がいるという状況への変化が見られます。このことから、『友だちを叩けば先生が来てくれるので、先生の注目が欲しい時には、友だちを叩くようになった』ということがわかります。

このように、『友だちを叩く』という行動は同じでも、その行動の前後にある状況の変化に注目すると、『友だちを叩く』ことの『意味』が違うことに気が付くはずです。1つ目のケースでは、「触らないでほしい」という回避の意味があり、2つ目のケースでは、「先生に見てほしい」という注目の意味があることがわかります。

行動の意味がわかると、問題の解決方法も見えてきます。1つ目のケースでは、触らないでほしいという意味を伝えられるように『相手にやめてと言う』練習をしたり、物理的に触られないように席を離したりするといった環境を調整することもできるでしょう。2つ目のケースの場合には、日頃からできている行動をあえてほめまくるといった、『注目を豊富に与えておく』ことで、叩いて注目を得ようとする行動を予防することができます。また、叩くことで先生の注目を引くのではなく、『先生を呼びに行く』という同じ意味をもつ行動に置き換えることが有効です。しかし、これでは少しハードルが高いお子さんもいるかもしれません。そこで、『先生を呼びに行く』とポイントがついて、〇ポイント溜まると先生と一緒に遊べるというプレミアムな設定を加えることで、叩くことで先生の注目を引くことから、先生を呼びに行くことで先生の注目を得られるように置き換えることもできます。

一方で、こうした考え方が受け入れにくいという方もいます。例えば、先生の注目を引くケースについて、「本人は怒られると、泣きながらごめんなさいと言います。それでも、私たちが怒ることが行動を増やす要因になるのでしょうか」という話を、よく保護者や先生方から聞きます。

ABC分析の視点から考えた時には、『環境側（先生など）が考えている子どもの理解』が実は間違っていた、または、『環境側の対応（クラスに戻って怒ること）が気になる行動を強めていた』ということに直面させられてしまう（と感じてしまう）ことが多々あり、私たちが適切な行動を把握することを妨げてしまうことがあります。こうした場合、保護者や先生といった環境側の対応がなぜ続いてしまっていたのかを検討することも重要です。

※ 次ページへつづく

子ども

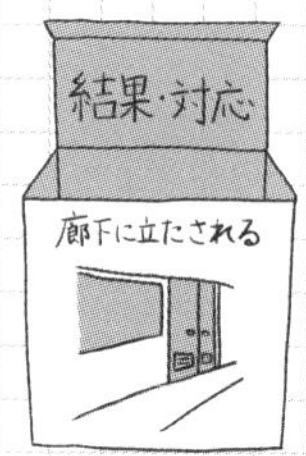


先生

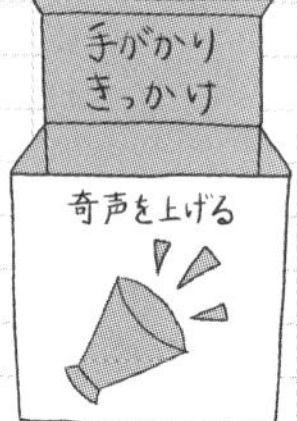


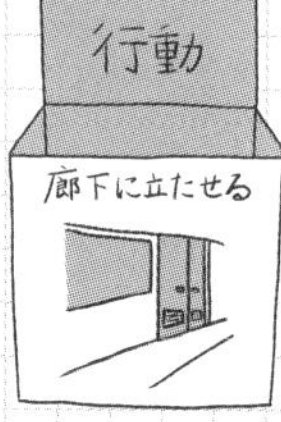

上の図を見てください。このケースでは、『子どもが奇声をあげる』要因は、先生に廊下に立たされる（難しい課題をしなくて済む）ことだと考えられます。一方で、先生が『子どもを廊下に立たせる』要因は、子どもを廊下に立たせると教室が静かになるためだと考えられます。つまり、大人がまずい対応をしてしまうことにも要因があることがわかります。実は、こうした行動が増える背景には『行動の原理』というものがあります。

**行動の原理**

◯ 行動が増える・強まる・維持する（続く）

→ 行動した直後に、本人にとって『良いことが起こる・得られる』『嫌なことがなくなる・避けられる』

◯ 行動が減る・弱まる・なくなる

→ 行動した直後に、本人にとって『嫌なことが起こる』『良いことがなくなる・何も起こらない』

行動の直後に『本人にとって良いことが起こったり、得られたりする』というメリットが生じると、行動は増えていきます。また、行動の直後に『本人にとって嫌なことがなくなったり、嫌なことを避けられたりする』というデメリットがなくなることでも、行動は増えていくのです。

つまり先程のイラストでは、先生は『子どもがうるさい』という嫌なことがなくなるので、廊下に立たせるという行動が増え、子どもは『課題をやらなくて済む』ので、奇声をあげる行動が増えるわけです。こうした行動の原理は、実は、意図的にではなく、自動的に学習されていくということが明らかになっています。そのため、誰かが悪いのではなく、『そうした仕組みのABCが存在している』というだけなのです。ですから、問題を解決するためには、ABC分析を行い、その要因を推定して、解決策を考えていくことが重要になります。

『誰のせいにもしない』という意味では、人にやさしい考え方のように思えます。

（東京学芸大学非常勤講師　前川圭一郎）

**参考文献**

平澤紀子（2010）応用行動分析学から学ぶ 子どもの観察力&支援力養成ガイド 学研プラス
小笠原恵・加藤慎吾（2019）発達の気になる子の「困った」を「できる」に変えるABAトレーニング ナツメ社

# chapter 3 プリントを使おう

本章では、9種類の課題についての具体的な説明と、プリントの使い方例を紹介します。

また、お子さんが答えを間違えた時の対応を、『こんな時の関わり方』というトピックで解説します。

お子さんの特徴を知るきっかけとなる情報がたくさん盛り込まれていますので、

お子さんの様子と照らし合わせながらご活用ください。

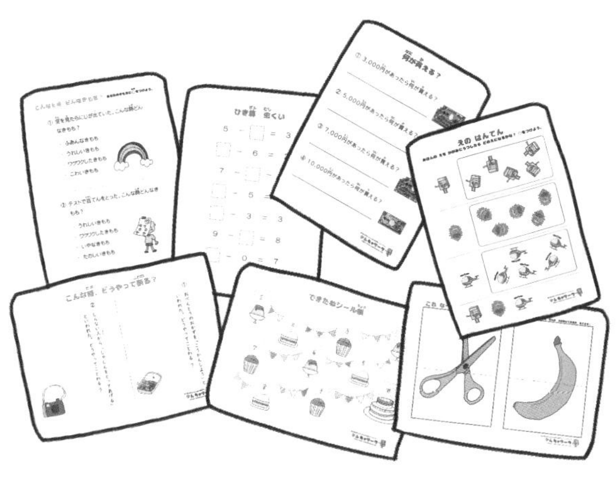

## ページの構成

9種類の課題が、それぞれどんな要素で成り立っているのかを、具体的な場面に置き換えて詳しく説明しています。ただし、本書に掲載されている要素だけで課題が成り立っているのではないことにご留意ください。

取り上げている課題に苦手さがあることで、どんな場面に困り事が生じやすいのか、具体的な状況を挙げて説明をしています。

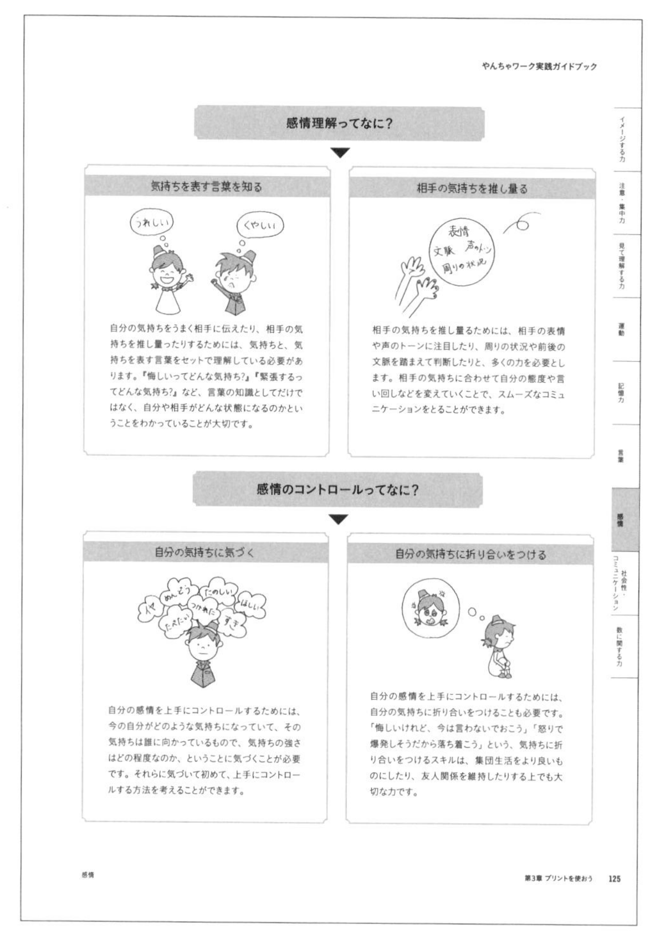

やんちゃワーク実践ガイドブック

### 感情理解ってなに？

#### 気持ちを表す言葉を知る



自分の気持ちをうまく相手に伝えたり、相手の気持ちを推し量ったりするためには、気持ちと、気持ちを表す言葉をセットで理解している必要があります。『悔しいってどんな気持ち?』『緊張するってどんな気持ち?』など、言葉の知識としてだけではなく、自分や相手がどんな状態になるのかということをわかっていることが大切です。

#### 相手の気持ちを推し量る



相手の気持ちを推し量るためには、相手の表情や声のトーンに注目したり、周りの状況や前後の文脈を踏まえて判断したりと、多くの力を必要とします。相手の気持ちに合わせて自分の態度や言い回しなどを変えていくことで、スムーズなコミュニケーションをとることができます。

### 感情のコントロールってなに？

#### 自分の気持ちに気づく



自分の感情を上手にコントロールするためには、今の自分がどのような気持ちになっていて、その気持ちは誰に向かっているもので、気持ちの強さはどの程度なのか、ということに気づくことが必要です。それらに気づいて初めて、上手にコントロールする方法を考えることができます。

#### 自分の気持ちに折り合いをつける

自分の感情を上手にコントロールするためには、自分の気持ちに折り合いをつけることも必要です。「悔しいけれど、今は言わないでおこう」「怒りで爆発しそうだから落ち着こう」という、気持ちに折り合いをつけるスキルは、集団生活をより良いものにしたり、友人関係を維持したりする上でも大切な力です。

イメージする力 / 注意・集中力 / 見て理解する力 / 運動 / 記憶力 / 言葉 / 感情 / 社会性・コミュニケーション / 数に関する力

感情　第3章 プリントを使おう　125

「これってどんな力なの？」という課題の説明をしています。

お子さんの姿と特徴が結びつきやすくなるように、日常生活に沿った困り事を掲載しています。ただし『理由（どうして？）』と『対応（こうしよう！）』は、これまで過ごしてきた環境、現在の姿、お子さんの特徴などによって様々で、「これに困っているということは、これが苦手だからこう関われば良い」などと一概に、あるいはひとくくりに考えられるものではありません。ここでは、あくまで一般的な対応を掲載しました。「どうすれば良いかわからない」という方は、一度本書に書かれた対応を試してみていただくことをおすすめします。

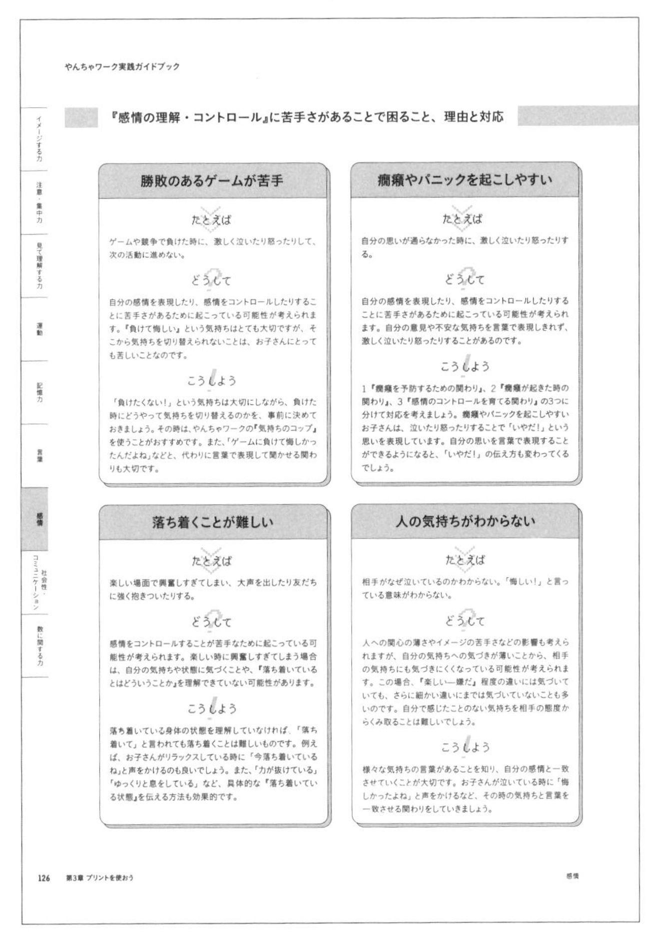

やんちゃワーク実践ガイドブック

イメージする力 / 注意・集中力 / 見て理解する力 / 運動 / 記憶力 / 言葉 / 感情 / 社会性・コミュニケーション / 数に関する力

『感情の理解・コントロール』に苦手さがあることで困ること、理由と対応

**勝敗のあるゲームが苦手**

たとえば

ゲームや競争で負けた時に、激しく泣いたり怒ったりして、次の活動に進めない。

どうして

自分の感情を表現したり、感情をコントロールしたりすることに苦手さがあるために起こっている可能性が考えられます。『負けて悔しい』という気持ちはとても大切ですが、そこから気持ちを切り替えられないことは、お子さんにとっても苦しいことなのです。

こうしよう

「負けたくない！」という気持ちは大切にしながら、負けた時にどうやって気持ちを切り替えるのかを、事前に決めておきましょう。その時は、やんちゃワークの『気持ちのコップ』を使うことがおすすめです。また、「ゲームに負けて悔しかったんだよね」などと、代わりに言葉で表現して聞かせる関わりも大切です。

**癇癪やパニックを起こしやすい**

たとえば

自分の思いが通らなかった時に、激しく泣いたり怒ったりする。

どうして

自分の感情を表現したり、感情をコントロールしたりすることに苦手さがあるために起こっている可能性が考えられます。自分の意見や不安な気持ちを言葉で表現しきれず、激しく泣いたり怒ったりすることがあるのです。

こうしよう

1『癇癪を予防するための関わり』、2『癇癪が起きた時の関わり』、3『感情のコントロールを育てる関わり』の3つに分けて対応を考えましょう。癇癪やパニックを起こしやすいお子さんは、泣いたり怒ったりすることで「いやだ！」という思いを表現しています。自分の思いを言葉で表現することができるようになると、「いやだ！」の伝え方も変わってくるでしょう。

**落ち着くことが難しい**

たとえば

楽しい場面で興奮しすぎてしまい、大声を出したり友だちに強く抱きついたりする。

どうして

感情をコントロールすることが苦手なために起こっている可能性が考えられます。楽しい時に興奮しすぎてしまう場合は、自分の気持ちや状態に気づくことや、『落ち着いているとはどういうことか』を理解できていない可能性があります。

こうしよう

落ち着いている身体の状態を理解していなければ、「落ち着いて」と言われても落ち着くことは難しいものです。例えば、お子さんがリラックスしている時に「今落ち着いているね」と声をかけるのも良いでしょう。また、「力が抜けている」「ゆっくりと息をしている」など、具体的な『落ち着いている状態』を伝える方法も効果的です。

**人の気持ちがわからない**

たとえば

相手がなぜ泣いているのかわからない。「悔しい！」と言っている意味がわからない。

どうして

人への関心の薄さやイメージの苦手さなどの影響も考えられますが、自分の気持ちへの気づきが薄いことから、相手の気持ちにも気づきにくくなっている可能性が考えられます。この場合、『楽しい―嫌だ』程度の違いには気づいていても、さらに細かい違いにまでは気づいていないことも多いのです。自分で感じたことのない気持ちを相手の態度からくみ取ることは難しいでしょう。

こうしよう

様々な気持ちの言葉があることを知り、自分の感情と一致させていくことが大切です。お子さんが泣いている時に「悔しかったよね」と声をかけるなど、その時の気持ちと言葉を一致させる関わりをしていきましょう。

126　第3章 プリントを使おう　　感情

# イメージする力

頭の中で物事をイメージする『想像力』や、
問題に直面した時に解決策や対処方法を考える『問題解決力』、
その場の状況や前後の文脈を理解する『文脈理解』など、
多くの場面で使われる力です。

## 想像力ってなに？

### 見立てる

おままごとなどの場面で、砂をご飯に見立てたり、葉っぱをお金に見立てたりする力です。想像力が育つことで、目の前にある物をほかの物に見立てて楽しむことができるようになります。

### もしもの話を理解する

「もしも〇〇だったら？」など、仮の話を理解する力です。「今はそうじゃない」「僕は違うよ」などと答える場合は、「もしも」の意味をイメージできていない可能性があります。

## 問題解決力ってなに？

### 計画的に取り組む

夏休みの宿題を、提出日までに終える計画を立てたり、計画通りに宿題を進めたりする力です。計画の進捗を確認したり、必要に応じて計画を修正したりすることも力の1つです。

### トラブルを解決する

急に雨が降ってきた時に、「傘を取りに帰ろう」「あそこで雨宿りをしよう」などと解決策や対処方法を考え出す力です。複数の解決策をイメージすることができると、生活の助けになります。

## 文脈理解ってなに？

### 相手の気持ちや意図を理解する

「ポストを見てきて」という言葉には、『郵便物があったら取ってきてほしい』という意図が含まれています。文脈を理解するためには、相手の気持ちや意図を理解することが大切です。

### 状況を理解する

周りの様子を見て、その場の状況や暗黙のルールを理解することで、『どうやらここでは静かにしておいた方が良さそうだな』などと、その場に合わせた振る舞いをすることができます。

## 『イメージする力』に苦手さがあることで困ること、理由と対応

### 絵を描くことが苦手

**たとえば**

「自由に絵を描いていいよ」「運動会の絵を何でも良いので描きましょう」などと言われても、何をどう描いたら良いかわからない。

**どうして**

『何を描けば良いのか』や『どう描けば良いのか』をイメージしにくいために起こっている可能性が考えられます。

**こうしよう**

『人の絵を描く時はこうやって描く』などと描き方を知識として学んだり、見本を見ながら描いたりすることで、イメージすることの苦手さを補っていきましょう。運動会の絵であれば、写真を見せながら「どの絵を描こうか」と相談して、描くものを具体的に決めると良いでしょう。お絵描き自体が苦手な場合は、最初はぬりえやシール貼りから取り組み、描くことの楽しさを知ることから始めましょう。

### 冗談や例え話がわからない

**たとえば**

「地球がひっくり返ったとしても、あなたのことが好きだよ」と言われ、「え？ 地球はひっくり返らないよ」と答える。

**どうして**

言われたことの意図がわからず、言葉を字義通りに受け取ってしまうために起こっている可能性が考えられます。冗談や例え話の理解が難しいと、人とスムーズにコミュニケーションを取ることができずに困ってしまうことがあります。

**こうしよう**

言葉を字義通りに受け取ることが多いお子さんに対しては、冗談や例え話といったわかりにくい伝え方は避け、具体的な表現で伝えるようにしましょう。冗談を伝える場合は、「これは冗談だけどね」と最後に付け加えるなどすると良いでしょう。

### こだわりやマイルールがある

**たとえば**

物の位置や順番、道順が変わることを受け入れられない。

**どうして**

先の見通しを持てないために起こっている可能性が考えられます。見通しが持てないと、これから何が起こるのかが曖昧になりやすく、不安が強くなります。その結果、『普段と変わらないこと』が安心につながり、ルーティンや持ち物、着る物などへのこだわりが出やすくなることがあります。また、曖昧なルールがわかりにくいため、自分だけのルールを作ることもあります。

**こうしよう**

こだわりは、ある程度の期間で移り変わるものです。いずれ落ち着くと考え、許容できるこだわりは、受け入れていくことも必要でしょう。プリントや遊びの中で、さまざまな選択肢があることを体験的に伝えたり、先の見通しをイメージする力を育てたりすることが大切です。

### 初めてのことへの不安が強い

**たとえば**

初めての活動や場所への不安が強く、固まったりパニックになったりする。イレギュラーなことが苦手で、運動会や発表会などの行事には参加したがらない。

**どうして**

先の見通しを持てないために起こっている可能性が考えられます。先の見通しが持てないと、『これから何が起こるのか』『自分は何をしたら良いのか』などがわからず、不安が強くなるのです。

**こうしよう**

見通しを具体的に伝えることが大切です。事前に行き先の写真などを見せ、「ここに行って〇〇をするよ」と伝えておくと安心しやすいでしょう。また、イレギュラーなイベントがある時は、過去の写真を見せたり、予行練習をしたりすることも効果的です。「前にやった〇〇と同じ感じだよ」と伝えるとイメージがしやすいでしょう。

## 文章問題が苦手

### たとえば

言葉をそのまま抜き出す問題は得意だけれど、筆者の気持ちや背景を考える問題が難しい。

### どうして

文脈理解に苦手さがあるために起こっている可能性が考えられます。前後の文脈を関連づけながら文章を読むことが難しいため、目に見えない気持ちの流れや物語の背景を推測しにくいのです。文章問題では、文脈を読み取る力が求められることが多いため、特に苦手さが出やすい単元です。

### こうしよう

ストーリーを読み取る練習をしましょう。文章問題では、誰が言ったセリフなのか、どのような気持ちで言っているのか、ストーリーがどのように展開しているのかなどを1つずつ確認していけると良いでしょう。また、やんちゃワークの『お話作り』のプリントを通して絵と絵の関連性をつかむ経験を積み重ねることもおすすめです。

## 解決策が思いつかない

### たとえば

困ったことが起こった時に、どうしたら良いかわからず、固まったりパニックになったりする。

### どうして

トラブルを解決する力に苦手さがあるために起こっている可能性が考えられます。困り事を上手く解決する方法が思い浮かばず、不安や焦りにつながってしまうのです。

### こうしよう

普段から、「雨が降っているから傘を持って行こうね」などと、上手な対処方法を伝えていきましょう。「こういう時はこうしたら良いよ」と、事前に解決方法を伝えておくことも良いでしょう。また、やんちゃワークの『こんな時どうする？』のプリントを通して、先を見通して解決策を考える経験を積み重ねることもおすすめです。

## 場に合った行動が難しい

### たとえば

静かにしなければいけない電車で大声を出す。クラスが静かになるまで先生が黙って待っていることが理解できずに、しゃべり続ける。

### どうして

状況を察することに苦手さがあるために起こっている可能性が考えられます。状況を察することが難しいと、『今求められていること』がわかりにくいため、場に合った行動が取れないことがあります。

### こうしよう

「電車の中ではしゃべらないよ」などと、ルールを言葉にして伝えましょう。また、「先生は、皆さんが静かになるのを待っています」と状況を具体的に伝えることが大切です。やんちゃワークの『マナー間違い探し』のプリントを通して、場に合った行動を学ぶこともおすすめです。

## 優先順位がつけられない

### たとえば

夏休みの宿題が出された時に、何から手をつけたら良いかわからない。

### どうして

計画を立てることに苦手さがあるために起こっている可能性が考えられます。計画を立てるためには、何にどれくらいの時間がかかるのか、どの順番であればスムーズか、などをイメージする力が必要になるのです。

### こうしよう

それぞれの宿題にかかる時間を大人と一緒に考えたり、計画表を作ったりして、定期的に進捗の確認や計画の見直しをすると良いでしょう。また、やんちゃワークの『謎解き』のプリントを通して、優先順位をつけて考える経験を積み重ねていくこともおすすめです。

# もし○○だったらどうする？

現実では起こり得ないことを想像し、「そんな時、自分ならどうするか？」を考えるプリントです。見通しを持つことが苦手なお子さんや、自分とは違う考え方をイメージすることが苦手なお子さんには、ぜひ取り組んでほしいプリントです。

**POINT1**

イラストをつけることで
状況をイメージしやすくしました！

ダウンロードはこちら ▶ https://yanchawork.com/moshi_dosuru/

**POINT2**

真ん中に線を引き、プリントを折ったり
切ったりすることができるようにしました！

**使い方のコツ TIPS**

1. 「いろんな答えがあって良いから、いろいろ考えてみてね」と伝え、様々な考え方があることを学びましょう。
2. 「どうしてその答えにしたの？」と質問し、具体的なイメージを引き出しましょう。

## こんな時の関わり方

### 「わからない」と言った時は、その理由を探りましょう

**やり方が「わからない」**

一度大人がお手本を見せてみましょう

**問題が「わからない」**

イラストに注目してもらったり、イラストを付け加えたりして、イメージを補いましょう

**答えが「わからない」**

大人が答えを2つ伝え、どちらが良いか選んでもらいましょう

### 少しズレた答えだった時は、大人の答えをいくつか伝えて、こんな風に声をかけましょう

**ほめる**
自分で考えられたの、偉かったね

**手本を見せる**
私(大人)はこんな答えを考えたよ

**質問する**
あなたなら、どっちが良いと思う?

**答えを選べたら、なぜその答えが良いと思ったのかを聞いてみましょう**

**注意** 「この答えは違うと思うな」など、お子さんの答えを否定するような声かけはしないようにしましょう

心理士の **知恵袋**

## トークテーマにしちゃおう!

「もし〇〇だったらどうする?」という問いは、グループで活動をする時、導入に使うことで、場を和ませたり緊張をほぐしたりすることに使えます。プリントを何枚か印刷しておいて、お子さんに発表する題材を選んでもらっても良いでしょう。

# ぬりえ&おえかき

ぬりえとおえかきのプリントです。おえかきが好きなお子さんにはもちろん、おえかきが苦手なお子さんにも使えるプリントです。もともとの絵をなぞったり、オリジナルに描き足したり、描いた絵を折り紙を使って作ったり、さまざまな使い方で楽しみましょう。

POINT1

『色による味の違い』など
イメージする力を育てるぬりえも多く用意しました！

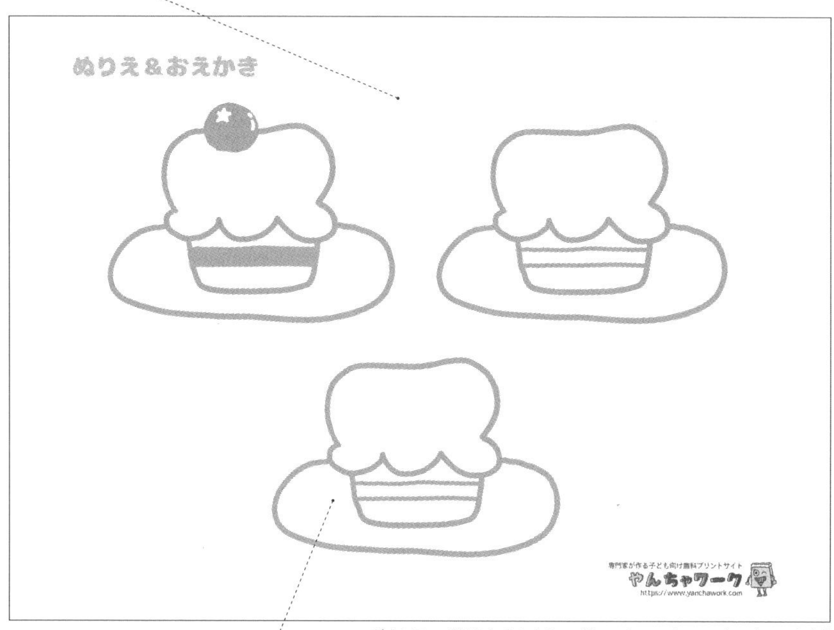


ダウンロードはこちら ▶ https://yanchawork.com/nurie_oekaki/

POINT2

何を描けば良いかわからないお子さんのために
お手本になる絵を描いてあります！

TIPS 使い方のコツ

1 最初に、「これは何の絵だと思う?」と聞き、具体的にイメージをしてもらってから取り組みましょう。

2 「何味のケーキにする?」などと会話を楽しみながら、イメージを膨らませていきましょう。

## こんな時の関わり方

### ぬったり描いたりすることを嫌がる時は、こんな風に工夫をしましょう

- シールを貼って絵を完成させる
- 折り紙をちぎったものを貼って、絵を完成させる
- モールやリボン、綿などの様々な素材を使って、絵を完成させる

### やり方がわからない時は、大人がやって見せながら、こんな風に声をかけましょう

**手本を見せる**
まずは私（大人）が描いてみるね

**質問する**
いちご味にしようかな？何色がいいかな？

**誘う**
ほかのケーキもぬってみよう

なかなか描き始められない時は、大人の手本を真似してもらうのも良いでしょう

心理士の
**知恵袋**

## 記憶ゲームにしちゃおう！

大人がこっそり絵を描き足して、「どこが変わったでしょう？」というゲームにしましょう。遊び方がわかったら、お子さんにも絵を描き足してもらい、交互に問題を出し合うのもおもしろいでしょう。

# こんな時どうする？

問題文に書かれた状況を頭の中でイメージして、「どうしたら良いか？」を考えるプリントです。また、生活していく上で必要な知識やルール、マナーも学ぶことができます。トラブルに直面した時に、パニックを起こしてしまったり、固まってしまったりするお子さんには、ぜひ取り組んでほしいプリントです。

POINT1

イラストをつけることで
状況をイメージしやすくしました！

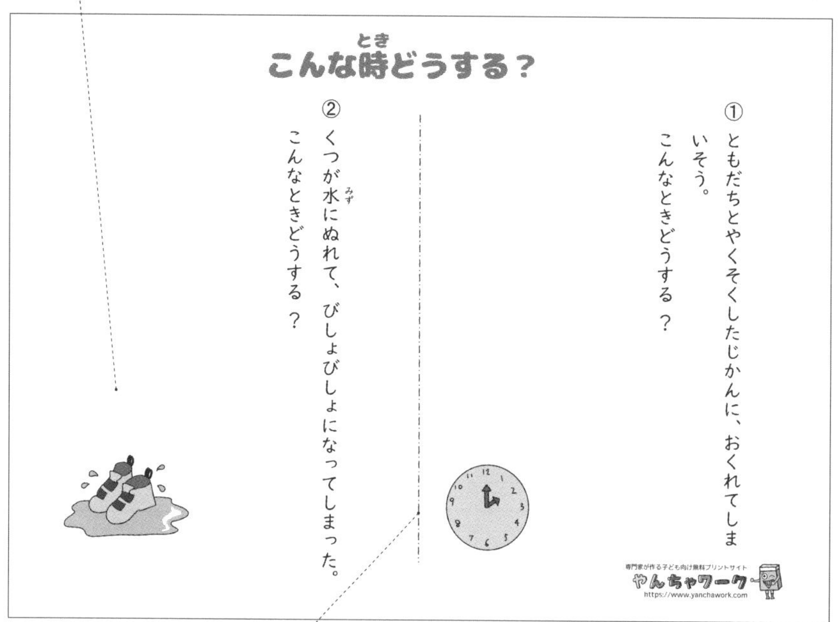


ダウンロードはこちら ▶ https://yanchawork.com/dousuru/

真ん中に線を引き、プリントを折ったり
切ったりすることができるようにしました！

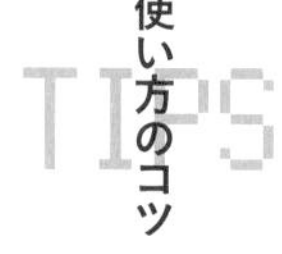


1 「いろんな答えがあって良いから、いろいろ考えてみてね」と伝え、様々な選択肢があることを学びましょう。

2 「同じことが起きたことはある？」と聞き、自分の行動を振り返る機会を設けましょう。

3 「あなたがそうすると、相手はどんな気持ちになるかな？」と質問し、相手の気持ちを想像する機会を設けましょう。

## こんな時の関わり方

### 「わからない」と言った時は、その理由を探りましょう

**やり方が「わからない」**

一度大人がお手本を見せてみましょう

**問題が「わからない」**

イラストに注目してもらったり、「〇〇くんと遊びに行った時…」などと、具体的な場面に置き換えたりしてみましょう

**答えが「わからない」**

大人が答えを2つ伝え、どちらが良いか選んでもらいましょう

### 少しズレた答えだった時は、大人の答えをいくつか伝えて、こんな風に声をかけましょう

**ほめる**
自分で考えられたの、偉かったね

**手本を見せる**
私(大人)はこんな答えを考えたよ

**質問する**
あなたなら、どっちが良いと思う?

**答えを選べたら、なぜその答えが良いと思ったのかを聞いてみましょう**

**注意** 「この答えは違うと思うな」など、お子さんの答えを否定するような声かけはしないようにしましょう

### 『答えを書く』ことを嫌がる時は、こんな風に工夫をしましょう

**お子さんに答えを言ってもらい、大人が代わりに書く**

**タブレットやパソコンで答えを打ってもらう**

**口頭で答えるだけで良しとする**

**書くことが苦手な場合、『答えを書く』ことにこだわりすぎず、上記のような方法を取り入れてみることも大切です**

# マナー間違い探し

社会的なルールやマナーを学んだり、「なぜそのように決まっているのか？」を考えたりするプリントです。ルールやマナーの背景を考えることは、トラブルを解決する力を育ててくれます。間違い探しという遊びの中で、楽しく取り組んでいただきたいプリントです。

POINT1
ゲーム感覚でマナーの勉強をすることができます！

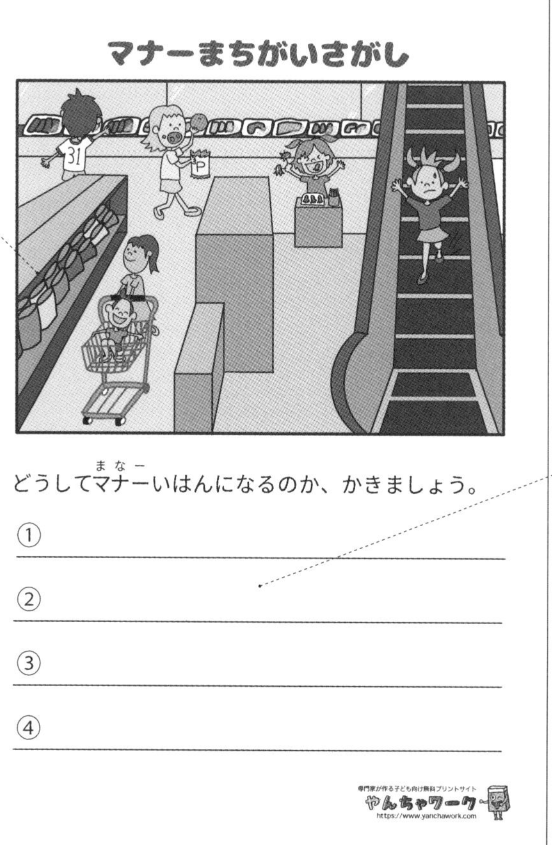


POINT2
間違いを探すだけではなく、どうしたら良かったのかを考えることで力を育てます！

ダウンロードはこちら ▶ https://yanchawork.com/manner_machihai/

TIPS 使い方のコツ

1 最初に、マナーを違反しているイラストを探しましょう。

2 「これはどうしてマナー違反になるの？」と質問し、理解度を確認しましょう。

## こんな時の関わり方

### 「わからない」と言った時は、こんな風に関わりましょう

「マナー」という言葉の意味をわかりやすく伝える

「この人を見てごらん」と言って、注目してほしいところを伝える

イラストを見て、「この人は○○をしているね」などと、人の動きを言葉にして伝える

### 『どうしたら良かったか』がわからない時は、やり取りしながら答えを導きましょう

これは
どうしてマナー違反
なんだろう？

どうして
エスカレーターでは
走っちゃいけないの？

走らないで、
どうしたら良い？

**書くことが苦手な場合は、答えを口頭で言ってもらい、大人が代わりに書きましょう**

心理士の
知恵袋

## お家での約束に使っちゃおう！

解き終えたプリントを写真で撮影しておき、お買い物の場面でお子さんに守ってほしい項目を直前に伝え、普段の生活に活かしましょう。

# お話作り

切り取った4つの絵を時系列に沿って並べてもらい、お話を作ってもらうプリントです。このプリントでは、絵で描かれた状況をくみ取ったり、前後の文脈を読み取ったり、人の気持ちを想像したりする力を育てます。絵と絵の間にあるストーリーを想像することを通して、状況を読み取る力を育てましょう。

ダウンロードはこちら ▶ https://yanchawork.com/ohanashizukuri/

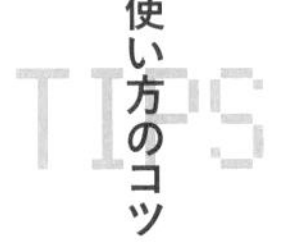

**使い方のコツ**

1. お子さんがカードを並べたら、「どんなお話を作ったか教えて」と伝え、ストーリーを説明してもらいましょう。
2. 「どうしてこれを２番目にしたの？」と質問し、絵と絵の間にあるストーリーを説明してもらいましょう。
3. 「この人はどんな気持ちだと思う？」と質問し、状況や表情から人の気持ちを想像する機会を設けましょう。

## こんな時の関わり方

### ストーリーがうまくつながっていない時は、こんな風にヒントを出しましょう

**ほめる**
自分で考えられたの、偉かったね

**気づきをうながす**
子どもがお花を持っているね。お花はどこで見つけたんだろう？

イラストを指さすなどして、ポイントとなる場所を伝えましょう

### イラストをうまく並べられない時は、大人の答えを伝えながら、こんな風に声をかけましょう

**ほめる**
自分で考えられたの、偉かったね

**手本を見せる**
私（大人）はこんな答えを考えたよ

**質問する**
これだと、どんなお話になると思う？

間違いを指摘するのではなく、正しい文脈の読み取り方を伝えるようにしましょう

心理士の
**知恵袋**

## セリフを書いて漫画にしちゃおう！

大きな紙に4つのカードを貼り、吹き出しを書いてセリフを考えてもらいましょう。この時、心の中の言葉を書く吹き出しを用意して考えてもらっても楽しいでしょう。

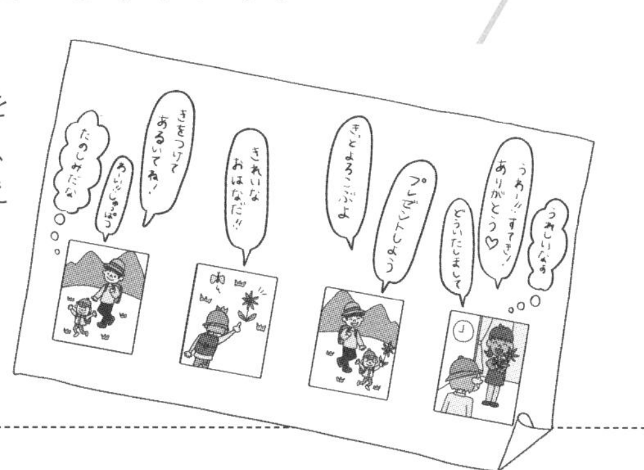

# 文章問題

文章読解のプリントです。難しいバージョンでは、抜き出し問題だけでなく、『どうして』や『どのように』といった、文脈の理解を確認する問題も用意しています。抜き出し問題は得意でも、登場人物の気持ちや背景を答えることに苦手さのあるお子さんには、ぜひ取り組んでほしいプリントです。

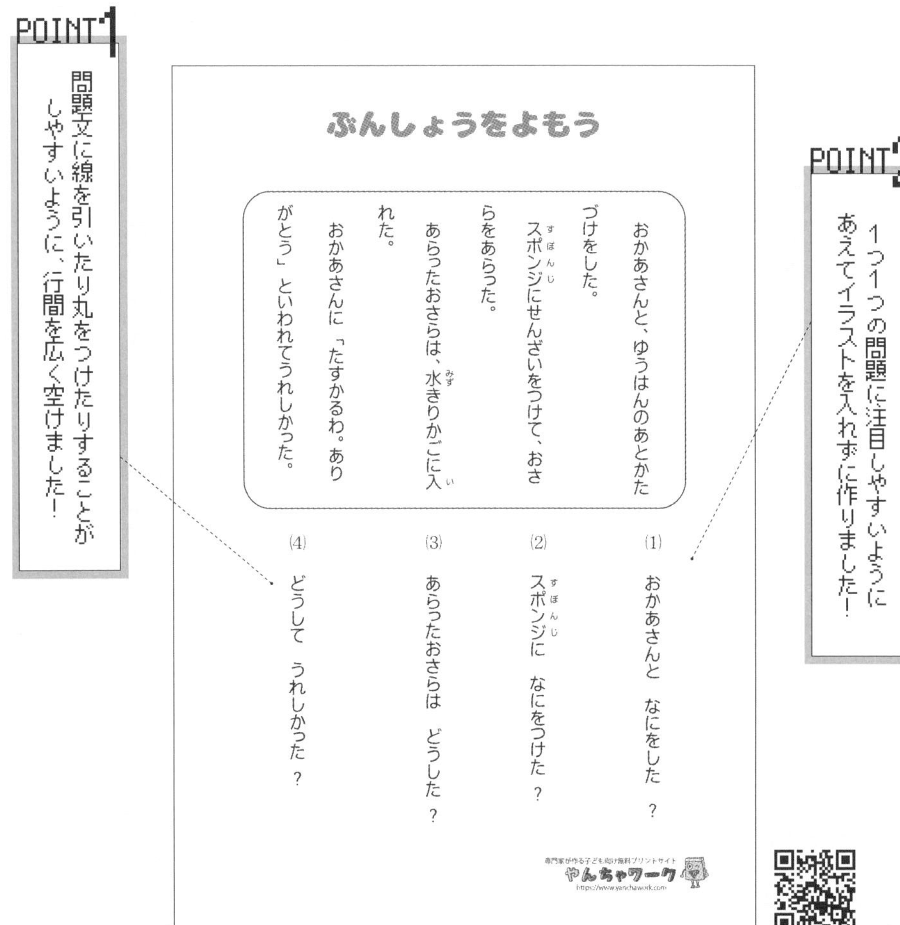

POINT 1
問題文に線を引いたり丸をつけたりすることがしやすいように、行間を広く空けました！

ぶんしょうをよもう

おかあさんと、ゆうはんのあとかたづけをした。
スポンジ（すぽんじ）にせんざいをつけて、おさらをあらった。
あらったおさらは、水（みず）きりかごに入（い）れた。
おかあさんに「たすかるわ。ありがとう」といわれてうれしかった。

(1) おかあさんと　なにをした　？
(2) スポンジ（すぽんじ）に　なにをつけた　？
(3) あらったおさらは　どうした　？
(4) どうして　うれしかった　？



POINT 2
1つ1つの問題に注目しやすいようにあえてイラストを入れずに作りました！

ダウンロードはこちら ▶ https://yanchawork.com/bunshoumondai-difficult/

## 使い方のコツ（TIPS）

1. 『読むこと』が苦手な場合は、大人が読んで聞かせたり、大人と交互に読んだりしましょう。
2. 『書くこと』が苦手な場合は、口頭で答えてもらい、大人が代わりに書くようにしましょう。
3. 「お皿を洗ったのは誰？」と質問したりして、内容を理解しているか確認しましょう。

## こんな時の関わり方

### 間違えた時は、こんな風にヒントを出しましょう

**大事な部分にマーカーを引く**

**「○○って書いてあるところを見てみて」と伝える**

**イラストを描いて見せることで、理解を深める**

▼

**この他にも、ポイントとなる部分に丸をつけたり線を引いたりして、注目すべき内容を伝えましょう**

---

### 読み方や意味がわからない単語がある時は、事前に調べておきましょう

**注意** このプリントは、『正しく読むこと』を練習するものではありません。
内容の理解に全力を注げるよう、単語の読み方や意味は先に調べて、メモしておくようにしましょう。

---

### 文章をなめらかに読めない時は、こんな風に工夫をしましょう

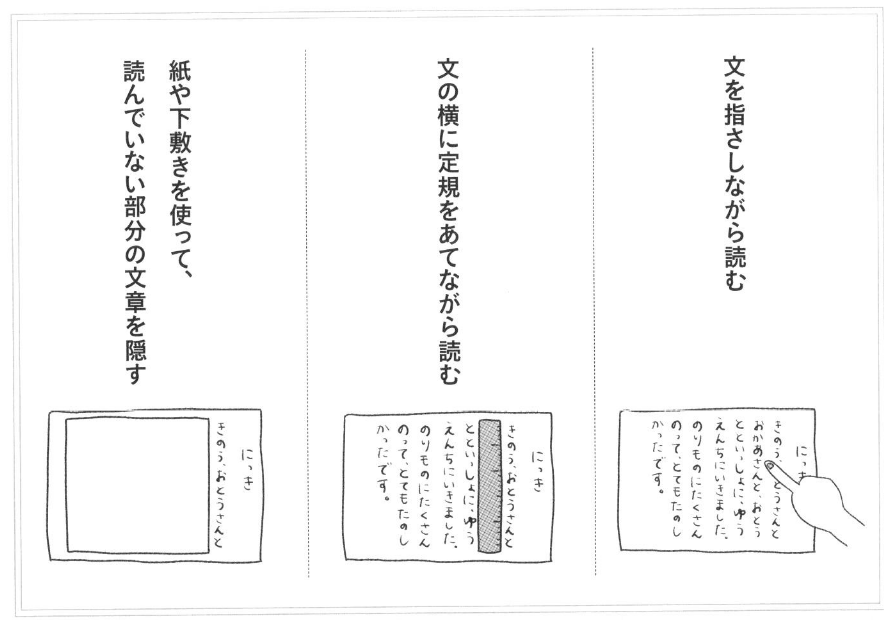


▼

**その他の工夫はコラム5(P.76)でも紹介していますので、あわせてご活用ください**

コラム 4

## やんちゃワーク利用者の声

**やんちゃワークを使っていただいている方々に、使い方の工夫を聞きました。**

**小3の子どもを持つ母です。**
**家でプリントに取り組む時は、『遊びプリント』と伝えてプリントに誘っています。**

ほうほう。『遊びプリント』とは？

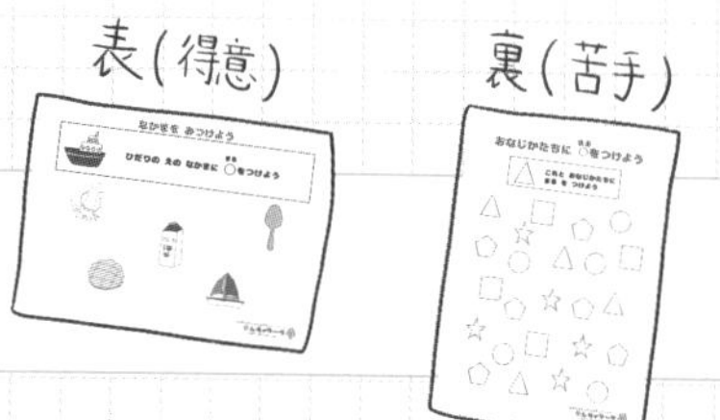


**得意なプリントと苦手なプリントを、両面印刷しているんです。**
**「遊びプリントやで〜」と誘うと、うれしそうにやってくれます。**

まさにお子さんの特徴を把握した上での素晴らしい工夫ですね。
片面はお子さんが得意なプリント、もう片面は学習してほしいプリント、ということですね。
両面印刷をすることで、見通しが持ちやすくなるところが良いですね！
解き終わったプリントはどうしていますか？

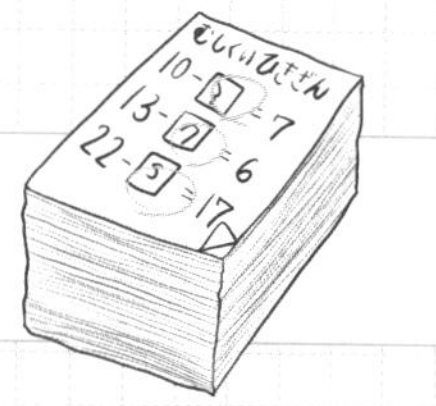


**雪崩を起こしそうなくらい、山積みになっています(笑)**
**正直、少しずつ捨ててしまっています。**

こんなに…！
ここまで大量に取り組まれていらっしゃるのなら、山積みにしてしまった方が
『こんなにやったぞ感』が持ちやすくて良いですね！

**無理のない範囲で工夫されているところが、素晴らしい事例でした。**
**『遊びプリント』というネーミングがとても良いですね！そして、こんなにたくさんのプリントに取り組んだお子さん、頑張り屋さんです！ご協力頂いたAさん、ありがとうございました！**

続いて。Bさんからは、具体的なプリントの使い方をご応募いただきました！

小学生の子どもを持つ母です。うちでは、こんな使い方をしています。

## 私は誰でしょうゲーム

**干支カルタを1枚引いて、動物の特徴を伝え合います。想像力を働かせるゲームです。**

大人：「身体が長いです」「あまり好きじゃないです」「この前駐車場に出ました」
子ども：「へびーーーーーー！！！」

『干支カルタ』https://yanchawork.com/eto_karuta/

## 文章を作ろう

親子でそれぞれ違うプリントを持って、相手に見えないようにします。時系列の担当を、次男は朝、長男は昼、母は夜と決めて、プリントに取り組みます。次男の「朝になったので、朝ごはんに梅干しの入ったおにぎりを作りました」からお話が始まり、それぞれ自分が持っているプリントでお話が続くように発表します。支離滅裂な話に、ずっこけそうになります(笑)

『文章を作ろう』https://yanchawork.com/bunsho_tsukuro/

## 干支の順番を覚えよう

**童話『十二支のはじまり』をYouTubeで見た後、干支の順番にカードを並べます。**

1：子どもだけで、動画を思い出しながら並べてみる

2：違うところがあれば、動画のストーリーに合わせて「犬と猿はケンカばっかりしているから、誰かが間に入ってくれたよね？」と声をかける

3：最後に、「ねー、うし、とら、うー…」と言いながら答え合わせをする

**なんて楽しそうな使い方でしょう！ お母さんのアイディアが光る事例でした。
プリントの使い方は無限ですね。ご協力頂いたBさんは、子ども関係のお仕事をされていたご経験がお有りとのこと。
さすがの使い方でした！ ご協力ありがとうございました！**

# 注意・集中力

注意力は、一般的に『集中力』としてまとめられることがあります。
しかし、注意力にはいくつかの種類があります。集中することは得意でも、集中しすぎて切り替えができない場合も、注意力に苦手さがある可能性があります。注意力の何が得意で、何が苦手なのかをしっかりと把握し、特徴に合わせた関わりと練習をしていくことが大切です。

## 注意力ってどんな種類があるの？

### 注意し続ける力（注意の持続）

1つのことに注意を向け続ける力です。必要のないことに気を取られず、遊びや学習などの活動にじっくりと取り組むために必要な力です。この力に苦手さがあると「注意散漫」と言われることがあります。

### 選び取る力（注意の選択）

たくさんの情報から、必要なことだけを選び取る力です。例えば、ざわざわした教室の中で先生の声を聞き取る時に必要となります。また、たくさんの人がいる場所で家族を見つけることにも、この力が関わっています。

### 同時に行う力（注意の配分）

いくつかのことに同時に注意を向ける力です。例えば、友だちと話をしながら信号が変わったことに気づいたり、食事をこぼさないように配膳したりすることに使われます。

### 切り替える力（注意の転換）

何かに集中している時に、ほかのことへ気持ちを切り替える力です。例えば、遊んでいる時にトイレに行きたいことに気づいてトイレに行ったり、遊びに集中している時に「ご飯だよ」と言われて遊びを中断したりすることに使われます。

## 『注意・集中力』に苦手さがあることで困ること、理由と対応

### 同時に複数の作業をすることが難しい

たとえば

先生の話を聞きながらノートを取ることが難しい。

どうして

注意の配分や転換に苦手さがあるために起こっている可能性が考えられます。先生の話を聞きながらノートをとるためには、先生の話に注意を向け、内容を覚えておきながら書くことに注意を移し、また適度に先生の話に注意を向けるなど、多くの注意力を必要とします。

こうしよう

お子さんが集中している間は声をかけない、ノートを取り終えたら指示を出す、などの配慮が大切です。また、注意力を育てるために、しりとりをしながらキャッチボールをするといった、『○○しながら△△する』遊びや活動を積み重ねていけると良いでしょう。

### 忘れ物が多い

たとえば

次の日に持って行くプリントを探している途中でテレビが目に入り、そのままテレビを観てしまって、プリントを持って行くことを忘れてしまう。

どうして

記憶力の弱さのほか、注意の持続や配分に苦手さがあるために起こっている可能性が考えられます。1つのことをしている間にほかのことが気になり、作業が中断されてしまうのです。この場合、「注意散漫」や「刺激に振られやすい」などと表現されることがあります。

こうしよう

忘れ物が多いお子さんの場合は、あらかじめ持ち物リストを用意しておき、カバンに入れたらリストにチェックをしていくという習慣をつけていきましょう。また、準備中はテレビを消すなど、余計なものを減らす配慮も大切です。

### ケガが多い

たとえば

おしゃべりに夢中になって、人や物に気づかずにぶつかってしまう。周りから「危ないよ!」と声をかけられても、段差などに気づかずよく転ぶ。

どうして

注意の配分や転換の苦手さから起こっている可能性が考えられます。注意力の苦手さは、お子さん自身や周りの人のケガにつながることも多いため、慎重な見守りが必要です。

こうしよう

危険を伝える時には、お子さんの肩に触れるなどして気づきやすいように伝えましょう。また、食器を配膳する役割を任せ、周りの物にぶつからないようにご飯を運ぶなど、複数のことに注意を向けながら取り組める活動や動きを積み重ねていくことも大切です。

### 集中しすぎて周りの声が入っていない

たとえば

勉強をしている時に、「ご飯だよ」と伝えても耳に入っていない。

どうして

1つのことに集中すると没頭しすぎてしまうなど、注意の転換が苦手なために起こっている可能性が考えられます。集中力があることは良いことですが、集団生活では、1つのことに集中しすぎてしまうために先生の指示が聞けていなかったり、知らない間に次の活動が始まっていたりなどのトラブルが起こりやすくなります。

こうしよう

お子さんの視界に入るように回り込んだり、肩に触れたりして指示を出すようにしましょう。また、光るタイマーや音が鳴るタイマーを使うことで、切り替えるタイミングに気づきやすくする方法もおすすめです。

## 注意散漫になる

### たとえば

遊びが続かずに転々とする。勉強を始めたかと思うと、急にほかのことをし始める。

### どうして

注意の持続に苦手さがあるために起こっている可能性が考えられます。「あの子は注意散漫で…」という言葉は、どちらかと言うと、本人のやる気や努力不足という文脈で語られることが多くありますが、実は注意力の苦手さが原因であることが多いのです。

### こうしよう

「集中しなさい」などと注意や指摘をしても、あまり効果はありません。様々なことに注意が向いてしまうのであれば、注意が逸れないような環境作りをしたり、本人が好きな遊びや学習の中で、1つのことに注意を向け続ける経験を積み重ねたりすることが大切です。

## じっとしていることができない

### たとえば

先生が話している時にほかのことが気になり、立ち歩くなど身体が動いてしまう。

### どうして

体幹の弱さのほか、注意の持続や選択が苦手なために起こっている可能性が考えられます。この場合、様々なことが目の前のことと同じくらい気になってしまい、剥がれかけている掲示物を直しに行くなど、じっとしていられないことにつながります。

### こうしよう

「じっとしていなさい」などの言葉をかけて注意や指摘をしても、あまり効果はありません。様々なことに注意が向いてしまうのであれば、注意が逸れないような環境作りをしたり、注目してほしいことをわかりやすくしたりすることが大切です。

## 聞き逃しが多い

### たとえば

学校集会で聞いた約束を守れない。お手伝いをいくつか頼んでも、抜けてしまうことがある。

### どうして

注意の選択に苦手さがあるために起こっている可能性が考えられます。大勢が集まる場所では、周りの人の声、先生の動き、外から聞こえる音など、様々なことが気になってしまいます。そのような状態で、話している先生の声だけに注意を向けることは、大変なことなのです。1対1の会話でも、相手の話に注意を向けることが難しいと、話の一部しか頭に残っていないことがあります。

### こうしよう

「ちゃんと聞きなさい！」などと注意や指摘をしても、あまり効果はありません。様々なことに注意が向いてしまうのであれば、注意が逸れないような環境作りをしたり、大事なことは書いて伝えたりすることが大切です。

## 身の回りのことができない

### たとえば

起床後、ご飯を食べて歯みがきをし、着替えてカバンを持ってくる、などの一連のことができない。

### どうして

記憶力や作業を1つ1つこなす力の苦手さのほか、注意の持続の苦手さから起こっている可能性が考えられます。それぞれの動作自体を行う力はもっていても、これらの力に苦手さがあると、途中で手が止まったり、ほかのことに気が逸れたりすることにつながります。

### こうしよう

テレビを消しておく、適度に声をかける、一連の流れを文字やイラストで書いておく、最後に好きなこと（例：テレビを観る）を用意しておくなどの工夫があると良いでしょう。歯みがき後、リビングに戻って着替えることで注意が逸れてしまうのであれば、洗面所に着替えを置いておくなど、動線を短くするような配慮も効果的です。

# 間違い探し

左右の似ている絵を見比べて、異なっている部分を見つけるプリントです。このプリントに取り組むためには、様々な注意の力を必要とします。1つのことに集中し続けることが苦手なお子さんには、ぜひ取り組んでほしいプリントです。サイト内でも人気が高いプリントです。

**POINT 1**
人の表情に注目する問題を
取り入れました！

**POINT 2**
細かい部分に注目する問題を
取り入れました！

みぎの　えには　まちがいが　3つ　あるよ。
まちがいを　みつけたら　まるで　かこもう！　じょうずに　みつけられるかな？

専門家が作る子ども向け無料プリントサイト
やんちゃワーク
https://www.yanchawork.com

ダウンロードはこちら ▶ https://yanchawork.com/machigai/

**POINT 3**
全体に注目する問題を
取り入れました！

**使い方のコツ**

1 「これはどんな絵だと思う？」と質問し、理解度を確認しましょう。

2 お子さんが間違いを見つけたら、「どんなところが違うの？」と質問し、説明をしてもらいましょう。

## こんな時の関わり方

**やり方がわかっていても**
**答えを見つけられない時は、**
**見てほしい場所を伝えましょう**

「この辺を見てみて」と指さしながら伝える

プリントを折って、探す範囲を狭める

「男の子の顔はどうなっている？」などと、具体的に質問する

**「わからない」と言った時は、こんな風に**
**説明をしながらやって見せましょう**

こっちの絵とこっちの絵には、
違うところがあるんだよ。例えば、
ここのプールには何も描かれて
いないよね。でもこっちの絵には、
何か模様が描いてあるよね。
違うところがあった時には、
ここに丸をつけるよ。

**お子さんの理解度を確認しながら、**
**ゆっくり説明しましょう。実際に絵を指さしたり、**
**お手本を見せたりしながら伝えましょう**

心理士の
### 知恵袋

## 間違い探しを作っちゃおう！

間違い探しのやり方を理解したら、次はお子さんに問題を作ってもらいましょう。絵を描くことが苦手なお子さんには、スタンプやシールを使ってもらっても良いでしょう。

# 言葉を探そう

たくさんのひらがなから意味のある言葉を見つけるプリントです。文字が多く書かれているため、気が散りやすいお子さんは、見つけることに苦労したり、時間がかかったりする場合があります。大切なことに注目し続けることや、必要な情報を探し出したりすることが苦手なお子さんには、ゲーム感覚で取り組んでほしいプリントです。

**POINT 1**

身近な言葉を多く取り入れました！

## ことばを　さがそう

**ひょうのなかにある　ひらがなから　３つのことばをみつけよう。**
**たてによんだり　よこによんだりして　さがそう。みつけたら　まるでかこもう。**

| | | | |
|---|---|---|---|
| あ | ふ | れ | そ |
| ふ | と | ん | ぞ |
| さ | を | が | る |
| ぱ | ん | よ | た |

| | | | |
|---|---|---|---|
| ち | と | に | り |
| く | や | か | ん |
| の | さ | は | ご |
| ね | い | の | さ |

専門家が作る子ども向け無料プリントサイト
やんちゃワーク
https://www.yanchawork.com

ダウンロードはこちら ▶ https://yanchawork.com/kotoba_sagaso/

**POINT 2**

プリントを半分に折ったり切ったりして
使えるようにしました！

1　まずは、文字を1つずつ読むことで、ひらがなを正確に読むことができるかどうかを確認しましょう。

2　問題に慣れてきたら、お子さんに問題を作ってもらっても良いでしょう。

## こんな時の関わり方

**やり方がわかっていても答えを見つけられない時は、こんな風にヒントを出しましょう**

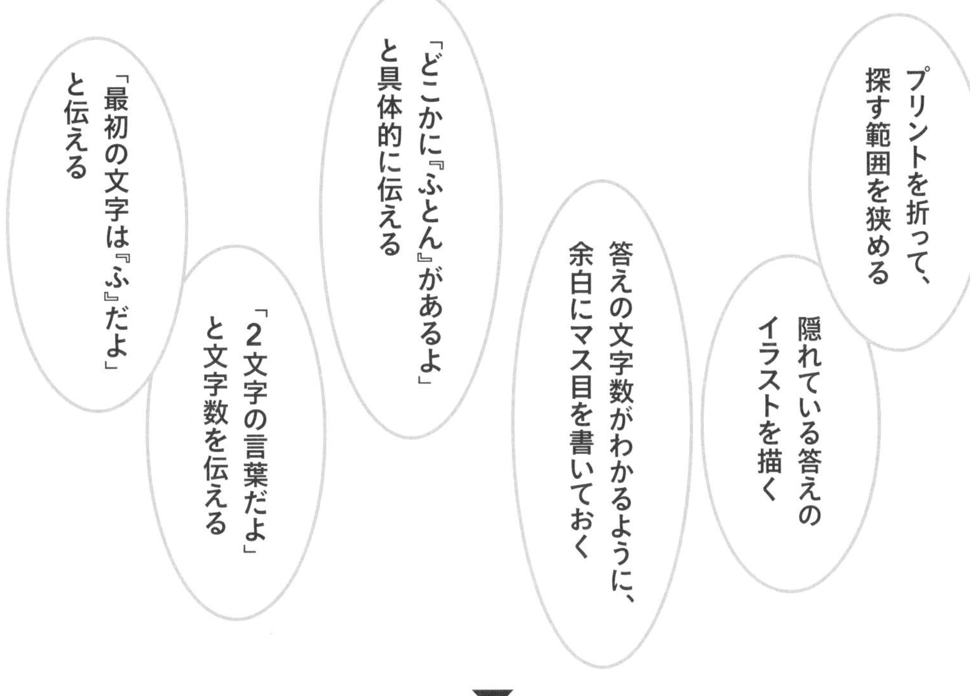


**言葉で具体的に伝える時は、「『ふ・と・ん』があるよ」などと1つ1つの音をはっきり聞かせると、さらにわかりやすくなります**

### 文字チップにしちゃおう！

枠をハサミで切り、文字チップにしましょう。たくさんある文字チップの中から言葉を見つけたり、しりとりをしたりしても楽しいでしょう。

# 同じ形に丸をつけよう

見本と同じ形を探して丸をつけるプリントです。このプリントに取り組むためには、様々な注意の力を必要とします。プリントによっては大きさもバラバラにしてありますので、お子さんの様子に合わせて、「同じ形だったら大きさは違っても良いよ」などと伝えても良いでしょう。

**POINT1**

図形をランダムに並べることで難易度を上げています！

**POINT2**

記憶力を育てる問題にもなるよう見本を折って隠せるようにしています！

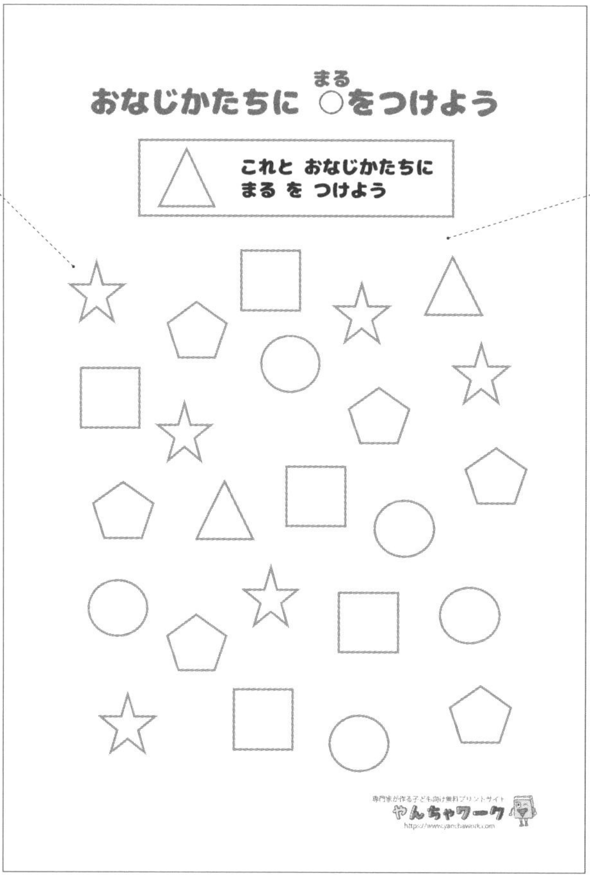

おなじかたちに ○(まる)をつけよう

これと おなじかたちに まる を つけよう

専門家が作る子ども向け無料プリントサイト やんちゃワーク http://www.yanchawork.com

ダウンロードはこちら ▶ https://yanchawork.com/okmaru/

使い方のコツ

1 ランダムに並べられている図形の中で、見落としがちなエリアがあるかどうかも確認しましょう。

2 「どうやって探したら早く見つかるかな？」と聞いて、計画を立てましょう。

3 解き終わったら、「探しやすかった？」と聞き、必要に応じてほかの方法を伝えたり、その探し方が本人に合っていることを伝えたりしましょう。

## こんな時の関わり方

### やり方を理解していても同じ形が見つけられない時は、ヒントを出しましょう

- 「上の方を見てごらん」と言葉で伝える
- プリントを折って、探す範囲を狭める
- 「あと2つあるよ」と残りの個数を伝える
- 見本を切り取って、動かせるようにする

### 「わからない」と言った時は、説明をしながらやって見せましょう

見本は三角だね。ほかに三角はあるかな？

ここに三角があるね。見つけたら、こうやって丸をつけるよ

心理士の知恵袋

### 色をぬって、難易度を上げちゃおう！

すべての図形に色を塗って、「赤い三角だけを探してね」などと伝えましょう。

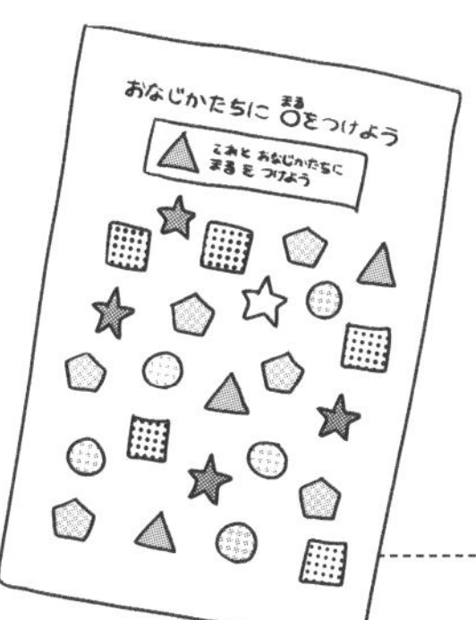

# 見て理解する力

この力は、目で見たものの向きや形、位置などをとらえる力です。
やんちゃワークでは、大きく『図形（文字）』と『空間認知』に分けています。この2つの力は互いに関わり合っているため、本来明確に分けることはできませんが、文字に苦手さがあるお子さんが多いことから、プリントを探しやすいようにあえて『図形（文字）』を取り出しています。

『見て理解する力』は、
視力が良い・悪いではなく、見たものを
脳がどう認知して（とらえて）いるのか、
ということに関係します。『図形（文字）』の理解も
『空間認知』がベースとなる部分が多くありますので、
ここでは空間認知について解説します。

## 空間認知ってなに？

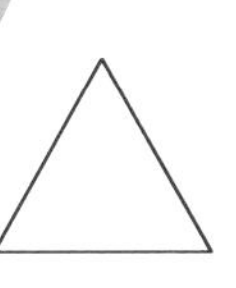

### 形をとらえる

例えば、正三角形には頂点が3つあり、3つの辺の長さがすべて同じです。また、上に描かれた2つの正三角形は、左よりも右の方が大きい三角形です。このように、形や大きさをとらえるためには、空間認知の力を必要とします。形のとらえに苦手さがあると、文字の形が整わなかったり、線や点の数が異なる文字を書いたりすることがあります。

### 位置関係をとらえる

『四角の上に丸がある』といった、上下・前後・左右などの位置関係をとらえることも、空間認知の働きの1つです。また、自分と物との距離感や、物と物との距離感をとらえることも、この力の働きに含まれます。

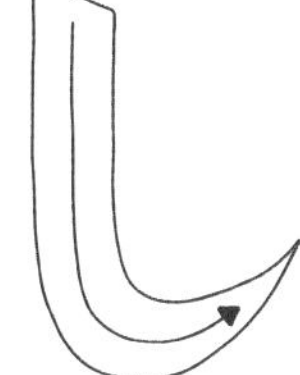

### 向きをとらえる

これは、ひらがなの『し』です。鉛筆を上から下におろした後、右上に向かってカーブを描くように鉛筆を動かします。この時、文字の向きをうまくとらえられていないと、『J』の形のような鏡文字になることがあります。

## 『見て理解する力』に苦手さがあることで困ること、理由と対応

### 物を組み立てることが苦手

たとえば

ブロックや積木を使って見本と同じものを作ったり、ピースの多いパズルを組み立てたりすることが難しい。

どうして

手先の不器用さのほか、物の形や向き、位置関係などをとらえることに苦手さがあるために起こっている可能性が考えられます。見本がどのようなパーツで成り立っているのか、パーツの位置関係はどのような状態かを理解するためには、空間認知の力を必要とします。

こうしよう

見本を見ただけでは同じように組み立てられない場合は、「赤いブロックの上にはめるよ」「ボコボコしている方を上にするよ」などと、ブロック同士の位置関係や手順などを言葉で具体的に説明すると良いでしょう。言葉ではわかりにくいお子さんには、言葉に加え、実際にやって見せると理解につながりやすくなります。

### 読み書きが苦手

たとえば

似ている文字(「き」と「さ」など)を読み間違えたり、鏡文字を書いてしまったりする。

どうして

文字の形や向きをとらえることに苦手さがあるために起こっている可能性が考えられます。文字も形の1つですので、形をとらえることに苦手さがあると、文字の読み書きでつまずくことがあります。特に漢字は形が複雑ですので、とらえにくいことが多くあります。

こうしよう

くり返し書いても覚えられない場合は、形のとらえが苦手な可能性があります。書いて覚える方法は、お子さんへの負担が大きいかもしれません。そんな時は、やんちゃワークの『正しい文字を探そう』『ひらがなの形』『同じ形を描こう』などのプリントを通して、形をとらえる力を伸ばしていきましょう。

### 図形問題が苦手

たとえば

算数の展開図の問題が難しい。三角定規を組み合わせて見本と同じ形を作ることができない。

どうして

頭の中で図形をイメージして、回転させたり分解・合体させたりすることに苦手さがあるために起こっている可能性が考えられます。実際には起こっていない動きを想像する必要があり、イメージする力とも深い関わりがあるものです。特に展開図の問題では、立体を頭の中で思い浮かべながら、パーツごとの動きや向きをイメージしなければならず、非常に高度な力を必要とします。

こうしよう

展開図では、実物を使って動かしてみるなど、実際に見える形にしてみましょう。三角定規の組み合わせは、定規をくっつける辺にシールを貼るなど、見てわかりやすくなる工夫があると良いでしょう。

### グラフや表の読み取りが苦手

たとえば

算数や社会科などに出てくるグラフや表を正しく読み取ることが難しい。

どうして

形や大きさ、位置関係をとらえることの苦手さが関係している可能性が考えられます。いくつかのグラフを見合わせながら大きさを比較したり、目盛りの位置関係を理解したりするためには、空間認知の働きが重要です。「なんとなく、これが一番大きそう、増えていそう」などと直感的にとらえることにも関わるため、その後、式を立てたり答えを出したりするまでのスムーズさにも影響することがあります。

こうしよう

グラフが表すことを、言葉や数字で具体的に伝えましょう。実際にグラフを重ねて大きさを確認したり、注目してほしいところに色をつけたりするのも良いでしょう。

## 地図が読めない

### たとえば

目的地に行くために地図を見ても、現在地との位置関係が理解しにくく、逆方向に向かってしまう。

### どうして

位置関係や向きなどをとらえることに苦手さがあるために起こっている可能性が考えられます。地図を読むためには、平面で書かれている建物や道を手がかりに、現在地や自分が向いている方向を理解し、目的地までの道のりを組み立てる必要があります。人によって、得意・不得意が分かれやすい力です。

### こうしよう

自分の動きに合わせて地図上の点が動いてくれるようなツールを取り入れると、位置関係を直感的にとらえる助けになります。また、自分が向いている方向に合わせて地図を回す、道順を具体的にメモしておく、などの方法を身に付けることも良いでしょう。

## 迷子になりやすい

### たとえば

学校や近所のスーパーなど、慣れた場所でも迷子になる。

### どうして

注意・集中力の苦手さだけでなく、位置関係や向きなどをとらえることに苦手さがあるために起こっている可能性が考えられます。空間認知に苦手さがあると、「だいたいあっちの方」「帰り道は逆に進む」などの感覚がわかりにくいだけでなく、慣れた場所でも少しの変化(ルートや景色)で混乱しやすく、道順がわからなくなってしまうことがあるのです。

### こうしよう

目で見るだけで場所を覚えてもらうのではなく、「職員室の隣」「トイレの向かい側」など、言葉のヒントと一緒に教室の位置関係を伝えておきましょう。また、迷ったらまず何階に行けば良いのか、目印になる掲示物などを事前に確認しておくと良いでしょう。

## ケガが多い

### たとえば

曲がり角に身体をぶつけてしまう。落ちている物をよく足で踏んでしまう。

### どうして

注意力の苦手さのほか、自分と物の距離感や位置関係をとらえることに苦手さがあるために起こっている可能性が考えられます。空間認知に苦手さがあると、「ここなら狭いけれど通れるだろう」という判断を誤って物にぶつかったり、うまく人を避けられずにぶつかったりすることがあります。

### こうしよう

『くぐる、またぐ、飛び越える』などの遊びを通して、物の大きさや位置に合わせて身体を動かす経験を積み重ねていきましょう。アスレチックや公園の遊具などで遊ぶことは、このような空間認知を育てることの助けになります。

## 物の向きを間違えやすい

### たとえば

洋服の前後を間違える。ノートを上下逆さまに使う。

### どうして

前後、左右、上下など、物の向きをとらえることに苦手さがあるために起こっている可能性が考えられます。また、「このマークが上にくる」といった些細な特徴を見つけることに苦手さが影響していることもあります。特に洋服の場合は、目に見えない背中側を意識することの難しさや、左右を正しく理解することの難しさから、前後や左右が逆になってしまうことが多いのです。

### こうしよう

位置関係や向きがわかりやすいように、ノートの上端に目立つ色をつけたり、洋服の背中にワッペンなどのマークをつけて、「このマークを上にしてから着るよ」と伝えたりするなど、パッと見て向きがわかるようにすると良いでしょう。

# 同じ形を描こう

左にある見本と同じ形を描くプリントです。文字を書くためには、形をとらえる力が育っている必要があります。その力が十分でないまま、ひたすら文字の練習をさせることは、あまり効果的とは言えません。まずはこのようなプリントを使って、形をとらえる練習を積み重ねていきましょう。

POINT 1
プリントを折ったり切ったりして使えるようにしました！

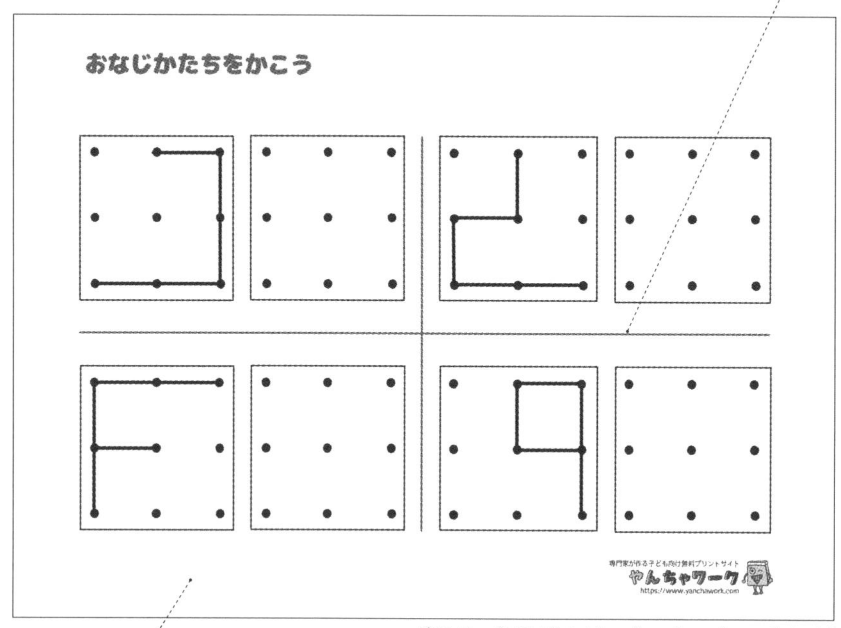


ダウンロードはこちら ▶ https://yanchawork.com/katachi/

POINT 2
プリントを縦に使ったり横に使ったりすることができるようにしました！

1 左利きのお子さんには、プリントを逆さまにして渡しましょう。

2 このプリントが苦手なお子さんには、丸ぽちに異なる色を付けると取り組みやすくなります。

## こんな時の関わり方

**見本と同じ形が描けない時は、こんな風にヒントを出しましょう**

「この線はどこから始まっている？」と聞いて、始点を確認する

見本の線に1画ずつ異なる色のマーカーを引き、「赤い線から書いてみよう」と伝える

「まずはこれを書いてごらん」と伝えて、1画ずつ見せる

線が通る点に印をつけ、お子さんに線を引いてもらう

大人が見本を1画ずつなぞりながら、お子さんにも1画ずつ書いてもらう

心理士の知恵袋

### 難易度を上げて挑戦！

見本の通りに書くのではなく、反転したものを書いてもらいましょう。頭の中で見本を反転させる力を育てます。

# 図形の回転

頭の中で表を回転させて、図形の位置をイメージするプリントです。この課題に苦手さがあると、地図の読み取りや折り紙、算数の展開図の単元などで苦労する場合があります。頭の中で図形を回転させることに苦手さのあるお子さんには、ぜひ取り組んでほしいプリントです。

**POINT 1**
やさしいレベルと難しいレベルの2種類を用意しました！

**POINT 2**
見本を切って実際の動きを教えやすくするために表の中に図形を入れました！

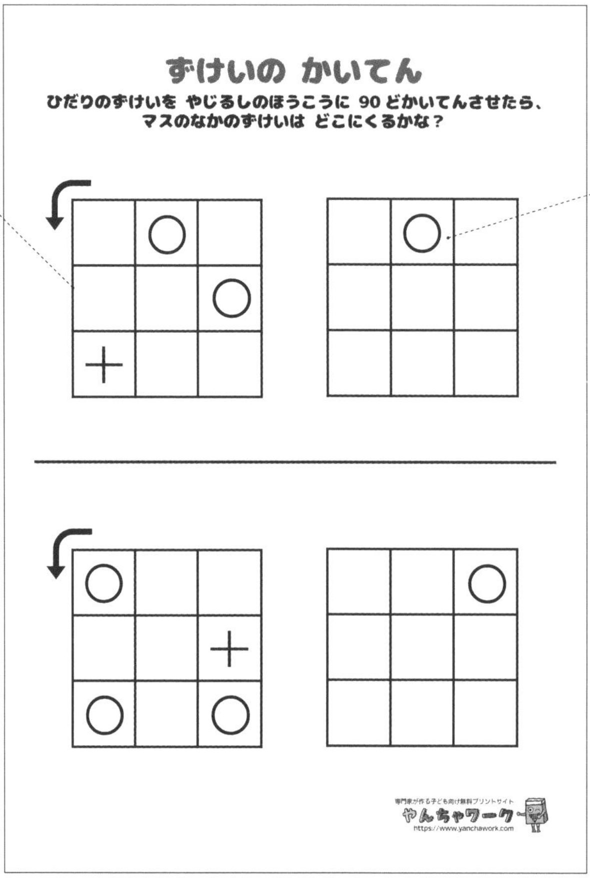

ずけいの かいてん

ひだりのずけいを やじるしのほうこうに 90 どかいてんさせたら、マスのなかのずけいは どこにくるかな？

専門家が作る子ども向け無料プリントサイト
やんちゃワーク
https://www.yanchawork.com

ダウンロードはこちら ▶ https://yanchawork.com/zukeinokaiten/

1. 90度のイメージが難しいお子さんには、物を動かして90度回転のイメージを補ってから解いてもらいましょう。

2. 得意・不得意が大きく分かれる単元です。「この問題は難しいよね」などと、気持ちに寄り添いながら進めましょう。

## こんな時の関わり方

### やり方を理解していない時は、こんな伝え方をしましょう

プリントをもう1枚印刷して、見本を切り取って実際に回転してもらう

プリントを90度回転させて、イメージを補う

### やり方を理解していてもわからない時は、回転後のイメージを補いましょう

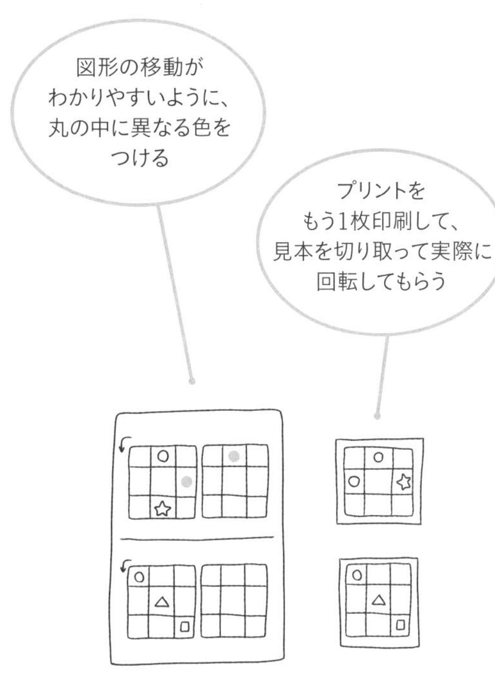


心理士の 知恵袋

### 難易度を上げて挑戦！

見本の丸の中に顔を描きましょう。表が回転すると、顔はどんな向きになるでしょうか？じっくり考えて取り組んでみましょう。

# ひらがなの形

ひらがなの形をとらえるプリントです。文字を覚えるためには、形を正確にとらえる必要があります。形を正しくとらえることができていない場合、細かいところが間違っていたり、鏡文字になったりすることがあります。なぞりだけでは文字を覚えられないお子さんには、ぜひ取り組んでほしいプリントです。

POINT1
様々な素材を使えるように、幅を広めに取りました！

ダウンロードはこちら ▶ https://yanchawork.com/hiraganaonokatachi/

POINT2
書く時の文字と同じ形になるようなフォントを使いました！

使い方のコツ TIPS

1 プリントに取り組む時は、書き順も一緒に伝えましょう。

2 「ここはグルンってしているね」などと、文字の特徴を言葉にして伝えましょう。

3 毛糸や粘土以外でも、モールやチョークの粉、紙くずなどを使っても楽しいプリントです。

## こんな時の関わり方

### 素材の操作が難しい時は、モールを使いましょう

モールを丁度良い長さに切っておき、操作がしやすいようにする

モールの端をテープで貼り、形に合わせた変形がしやすいようにする

### お子さんが興味を持ちにくい時は、好きな言葉を使いましょう

自分の名前や友だちの名前、好きなキャラクターなどの文字で取り組みましょう

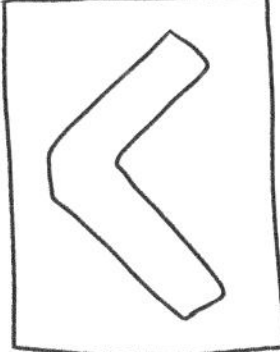

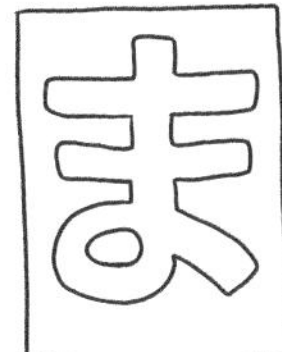


心理士の知恵袋

### オリジナルかるたにしちゃおう！

デコレーションした文字を切り取り、かるた遊びにしましょう。「あ！」と文字だけでも良いですし、「おとうさん」と伝えても良いでしょう。聞いた言葉が何文字で成り立っているのかを理解できているかの確認にもなります。

コラム 5

## 「できた！」よりも、「できなかった」「間違えた」が成長のチャンス

子育ての中で、お子さんの「できた！」は、親にとってはとてもうれしいことですよね。
初めて寝返りをした日、おすわりができるようになった日、つかまり立ちができるようになった日、一人で立てるようになって、歩けるようになって、初めて言葉をしゃべった日…。どれもうれしかったと思います。

でも、成長とともに、求められることが多くなって、内容も難しくなり、だんだん親と離れて過ごす時間も長くなって、お子さんの「できた！」に立ち会える機会も減っていきます。逆に『友だちに自分の気持ちをうまく伝えられなくて叩いてしまった』『忘れ物をしてしまう』『お勉強が苦手』など、『できなかったこと』が目に付くようになります。
でも、実は『できなかった』は、お子さんの考え方を知るチャンスで、何を教えれば良いか、どんなヒントを出せば良いか、どんな声をかければ良いかがわかるチャンスでもあります。

私たち心理士がお子さんと関わる時に大切にしている視点は、できたかどうかではないんです。『どんな考え方をして、どんな結果になったのか』という視点を基本として、『どんな失敗（間違え方）をしたのか』『成功した時はどんな方法で取り組んでいたか』を注意深く見るようにしています。目の前のお子さんは何が好きで何が苦手そうか、どんな方法が合っていそうかについて、本人の考え方を聞きながら、謎解きや宝探しをするような気持ちで関わっています。

「些細なことでもすぐに怒ってしまう」お子さんのご相談を受けた時の話です。『怒ってしまう』という行動は『感情のコントロールができない』と表現されることもあります。私は、このお子さんがどんな時にどんな感情を抱くのかを知りたいと思い、やんちゃワークの『こんなとき、どんなきもち？』というプリントを使いました。

『ともだちがまちあわせのじかんにこない。こんなとき、どんなきもち？』という質問に、その子は『しんぱい』『たのしい』『イライラ』に丸をつけました。『しんぱい』『イライラ』はわかりますが、『たのしい』に丸をつけて、『さみしい』には丸をつけていないことが私には興味深く、「こういう時って、いろんな気持ちになるよね。でも、どうしてたのしい気持ちになるの？」と聞いてみました。すると、お子さんはこう答えたのです。「最初に事故とか心配になって、そのあと、なんかわかんないけどイライラする。でも、来てくれたらたのしい気持ちになるから」

私は、「なるほどな〜」と思いました。ほかのプリントでも『イライラする』に丸がついていることが多かったので、プリントを題材にしておしゃべりをするような感じで、「どうしてそういう気持ちになるのか」を聞いていきました。
すべての回答で、このお子さんなりの理由があり、そのどれもが、説明されれば理解できるものでした。そしてある共通点が見えてきました。

このお子さんは、予想外のことがあったり心配なことがあったりすると、自分はどうすれば良いのかがわからなくてイライラしていたようでした。よくよく聞いていくと、不安になっているのかな？ とも考えられました。不安な時のモヤモヤとした気持ちに名前がつけられなくて、それを『イライラ』と判断しているものもありそうだったのです。どうにかしなければいけないということはわかっているけれども、どうしたら良いかわからない。自分の感情に名前がつけられない。そんなことがたくさん続いたら、誰だって怒りたくなると思います。

このことをお母様にお伝えすると、思い当たることもあっ

たようでした。自分がどうすれば良いかがわかりやすい時には、怒らずに行動できているとおっしゃっていました。この日から、お母様は、お子さんがイライラしていそうな時には、解決策を具体的に伝えたり、イライラの原因が予想できる時には「○○で不安だね。どうしようか」と声をかけてくださったり、予想できない時には「どうしたの？ 何があったの？」と聞いたりするような対応をしてくださいました。

対応を始めた直後は叫んだり怒ったりすることが多かったようですが、３ヶ月も経つと、どうしたら良いかわからなくて困っていることを自分から言えるようになり、怒ることも減ってきたという報告がありました。

このように、遊びでも、生活でも、プリントでも、『できたかどうか』ではなく、『どんな答えを出したか』『どんな考え方をしているのか』に注目してみると、お子さんの面白い考え方に出会えるかもしれません。

お子さんが成長してくると、ほかの子と比較して「できない」ことが多いように感じることもあると思います。でも、幼稚園や保育園、学校の中での「できた！」は確実に増えているものです。お子さんの成長を信じながら、楽しいコミュニケーションを意識してみてくださいね。

（臨床発達心理士、公認心理師　石川有美）

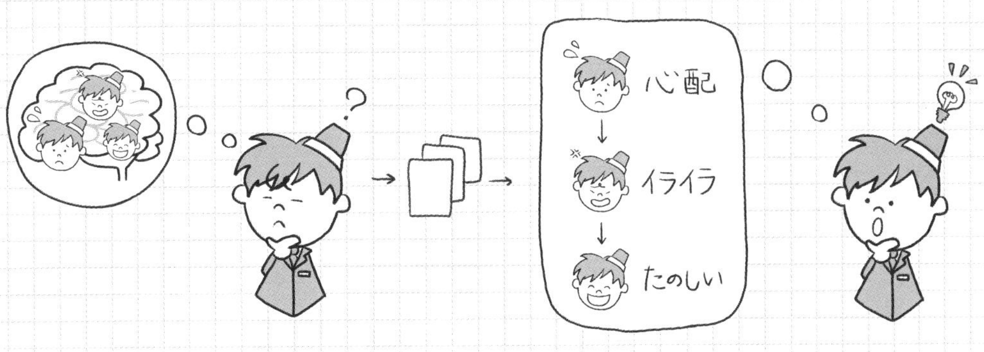

# 運動

やんちゃワークでは、
運動を『粗大運動（全身運動）』『微細運動』『視覚機能』
に分けています。

## 粗大運動（全身運動）ってなに？

歩く・走る・ジャンプする・登るなどの、全身を大きく使う運動のことです。本書の2章にあるように、姿勢にも関わる力です(P.28 ～)。粗大運動は、生活の様々な場面に影響することから、発達全体の土台となる力と言われており、遊びや運動を通して培われる大事な力です。やんちゃワークのサイト内で、おすすめのおもちゃや遊具を紹介していますので、ぜひご覧ください。

## 微細運動ってなに？

### 手先の操作

指先で物をつまむ、持つ、はじく、手首をひねる、回すなど、手や指などの動きを細かくコントロールすることです。左手で紙を持ちながら右手でハサミを動かすなど、両手で異なる動きをすること（両手の協調性）もこの力に含まれます。手先を器用に扱うためには、握力が育っていることも重要です。

### 口元の動き

食べ物を噛む、しゃべる、舌で舐めるなど、口元の筋肉を動かすことも、微細運動に含まれます。「唇を閉じながら、食べ物を噛む」「舌先と上あごの隙間から息を吐き、サ行を発音する」など、非常に繊細なコントロールが求められ、お子さんによって得意・不得意が分かれることがあります。

## 視覚機能ってなに？

### 眼球運動

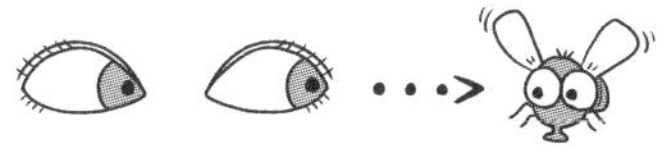

物を見る時に、眼球の動きをコントロールすることです。動いている物を目で追う、別の物に視点を素早く移す、物を見る時に両目で焦点を合わせる、などの動きが含まれます。これは視力そのものではなく、目の動かし方や使い方に関わる力です。

### 目と身体の協応

目で見たことに合わせて身体を動かす力です。例えば、飛んできたボールをキャッチしたり、ラケットでボールを打ったりするためには、ボールの動きを目で追いながら身体の動きを合わせる必要があります。また、指をさして数をかぞえる場合も、目の動きに手の動きを合わせること（目と手の協応）が必要となります。

# 『運動』に苦手さがあることで困ること、理由と対応

## 疲れやすい

たとえば

少しの間、散歩や買い物に行くだけで疲れてしまう。学校から帰ってくると、長い時間寝てしまう。

どうして

これは、粗大運動を始めとして、全体的な運動面が十分育っていないために起こっている可能性が考えられます。疲れやすいお子さんの場合、睡眠リズムなどの生活習慣を見直すことで改善できることもありますが、筋力や体力をつけていくことも大切です。

こうしよう

お子さんが楽しめる遊びの中で、全身を大きく使う遊びを積み重ねていきましょう。移動はなるべく階段を使うようにしたり、長い距離を歩いたりすることも大切です。家族でダンスやラジオ体操をするのも良いでしょう。1日のルーティンに取り入れてみましょう。

## 掃除が苦手

たとえば

雑巾掛けや掃除機をかけるとすぐに疲れ、やりたがらない。

どうして

粗大運動や微細運動に苦手さがあるために起こっている可能性が考えられます。掃除をする時は、椅子を机に上げたり、物をどかしたりと、とても多くの身体の動きを必要とします。雑巾掛けでは、手で雑巾をおさえながら真っ直ぐに進まなければならず、運動に苦手さのあるお子さんにとっては、人一倍エネルギーを使う活動なのです。

こうしよう

適度に休憩をはさんだり、雑巾掛けの範囲を決めて取り組んでもらったりすると良いでしょう。お子さんが無理なく取り組める役割を任せることも大切です。また、全身を使った遊びや活動を積み重ね、体力をつけていくようにしましょう。

## 食事に時間がかかる

たとえば

意欲はあるのに、手づかみ食べや食べこぼしが多く、食事がなかなか進まない。

どうして

手先や口の動き、目と身体の協応に苦手さがあるために起こっている可能性が考えられます。スプーンなどの食具を使って食事をするためには、食具をうまく動かして食材を刺す・すくう・つまむだけでなく、すする・かじるなどの口の動きを合わせる必要があります。こうした動きや協応に苦手さがあると、食べこぼしや噛んでいる時間の長さ、さらには、「食べやすい」という理由で手づかみ食べに戻ってしまったりすることがあります。

こうしよう

考えられる原因に合わせて対応しましょう。机や椅子の高さを調整することで改善される場合もあります。生活の中でたくさん手先を使い、力を育てることも大切です。

## 発音が不明瞭

たとえば

『カラス』を「タラス」と言う。全体的に何を言っているのか聞き取りにくい発音になる。

どうして

耳で音を聞き取ることの苦手さ、声を出す器官そのものの影響（例えば、舌の短さ）など、考えられる背景が様々です。原因の1つとして、口元の動きなど、粗大運動や微細運動の苦手さが影響していることもあります。

こうしよう

お子さんの発音に不安がある場合は、耳鼻咽喉科や言語聴覚士に相談し、耳の聞こえや口周りの動き・機能などを詳しく診てもらいましょう。運動面の育ちが影響している場合は、口を使う遊び（シャボン玉や楽器など）に誘うのも良いでしょう。お子さんの発音を真似したり、言い直しをさせたりすることは、本人を傷つけ、気楽に話す機会を奪いかねません。控えるようにしましょう。

## 制作が苦手

たとえば

ハサミや折り紙などを使った制作をやりたがらない。

どうして

手先の操作や目と身体の協応に苦手さがあるために起こっている可能性が考えられます。制作では、折り紙を折る・切る、ハサミやノリなどの道具を扱うことが常に必要となるため、手先の操作が苦手なお子さんにとっては負担が大きいものです。中には、形を正しくとらえていても手先がうまく動かせず、自信をなくしてしまうお子さんもいるため、注意が必要です。

こうしよう

お子さんが苦手な作業は、大人も手伝いながら取り組めると良いでしょう。また、料理の手伝い（レタスをちぎる、プチトマトのヘタをとる）や、洗濯ばさみでハンカチを干すなどの手伝いを通して、手先を動かす経験を積み重ねていくのも効果的です。

## 楽器が苦手

たとえば

リコーダーを吹いたり、太鼓を叩いたりすることが苦手。

どうして

これは、手先の操作や目と身体の協応に苦手さがあるために起こっている可能性が考えられます。例えばリコーダーでは、穴を指でふさぐ時の力加減や、右手と左手で異なる動きをする協調性、口元の筋肉を動かして息を吐く量を調節する力など、多くのことを同時にコントロールする力が必要となります。合奏などの場合は、周囲とタイミングを合わせることも求められるため、より繊細なコントロールが必要です。

こうしよう

息を吹く練習や指を動かす練習など、演奏のために必要な動作を洗い出し、1つずつ練習していきましょう。楽器の演奏は特に苦手意識の出やすいものですので、まずは、楽しい雰囲気の中で自由に音を出すことも大切です。

## 文章の読み飛ばしがある

たとえば

音読をしている時に、行や文字を読み飛ばしたり、同じ行を続けて読んだりしてしまうことがある。

どうして

視覚機能(目で追う動き、視点を素早く移す動き)に苦手さがあるために起こっている可能性が考えられます。眼球の動きをうまくコントロールできない場合、同じ行の中でも文字を読み飛ばしてしまったり、次の行にうまく視点を移せなかったりするため、音読への苦手意識につながってしまうことがあるのです。

こうしよう

読んでいる文に沿って定規をあてるなど、読んでいる場所をわかりやすくすると良いでしょう。そのほかの方法は、コラム『「これ、使いやすい！」勉強お役立ちグッズ（P.104)』をご参照ください。程度によっては、視覚機能を診てもらえる眼科を受診することも検討しましょう。

## 書き写すことが苦手

たとえば

黒板に書いてあることをノートに書き写すこと（板書）が苦手で、授業が進むスピードについていけない。

どうして

視覚機能に苦手さがあるために起こっている可能性が考えられます。板書をするためには、黒板に書いてある内容を見て覚え、ノートに素早く視点を移し、覚えておいた文字を書く(目と手の動きを合わせる)など、多くの力が必要となります。どこに苦手さがあるのか、しっかりと観察をした上で対応していくことが大切です。

こうしよう

書き写してほしいところに色を塗ったり、重要な部分は消さないようにしたりと、書き漏らしを減らす工夫をするとともに、書き写す時間を十分に確保することが大切です。程度によっては、視覚機能を診てもらえる眼科を受診することも検討しましょう。

# めいろ

めいろのプリントです。めいろに取り組むためには、目の動きに手の動きを合わせたり、先を見通して手を動かしたりすることが必要です。目と手の協応に苦手さのあるお子さんには、遊び感覚で取り組んでほしいプリントです。

POINT1

簡単なレベルから難しいレベルまで
多くの種類を用意しました！

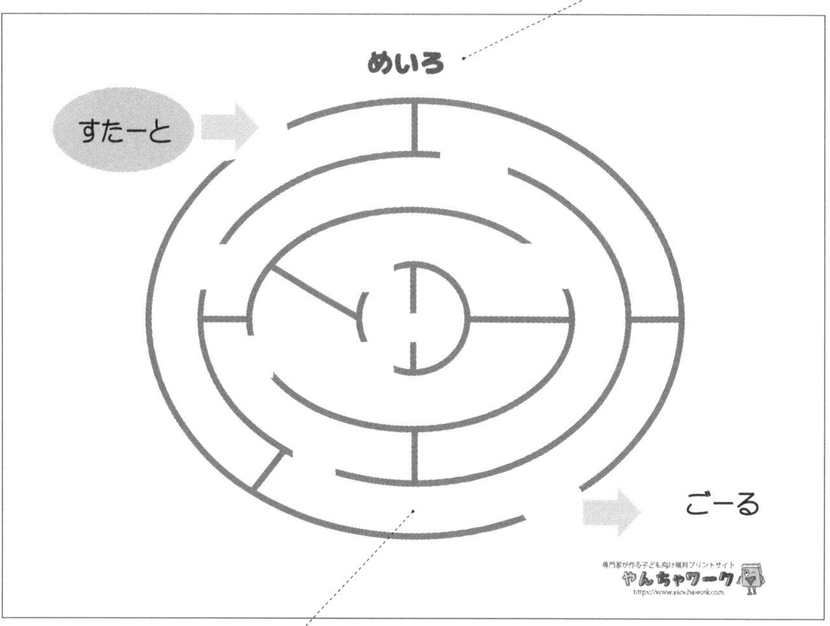


ダウンロードはこちら ▶ https://yanchawork.com/meiro/

クレヨンでも取り組めるように
道幅を広く取りました！

TIPS 使い方のコツ

1 慣れていないお子さんには、大人がやって見せましょう。その時、「あ、ここは行き止まり」などとわざと失敗して見せましょう。

2 線からはみ出してしまうお子さんには、道幅の広いめいろを使いましょう

## こんな時の関わり方

### 鉛筆やクレヨンの操作が苦手なお子さんには、こんな関わり方をしましょう

お子さんに道を指示してもらって、大人が代わりに書く

指でなぞるだけで良しとする

### 進む道がわからない時は、こんな関わり方をしましょう

スタートからゴールまで、指でなぞって道を確認してから始める

道の途中にシールや印をつけておき、「まずはここまで来てみて」と伝える

ゴールまでの道をマーカーで引いて、なぞってもらう

心理士の
**知恵袋**

### 記憶ゲームにしちゃおう！

めいろの道にフルーツのシールを貼って、「いちごとぶどうを買ってゴールして」と伝え、記憶ゲームにしましょう。この時は、行き止まりの線は無視してOK、というルールにしましょう。

# 数字をつなごう

数字の順番に点をつないでいくプリントです。数字を正しくつなぐことができると、イラストが完成するようになっています。一番小さい数字で12まで、一番大きい数字で45までのプリントを扱っています。30くらいまでの数字が読めるお子さんには、楽しんで取り組んでいただけるプリントです。

POINT1

絵の予測がつきにくいものを用意しました！

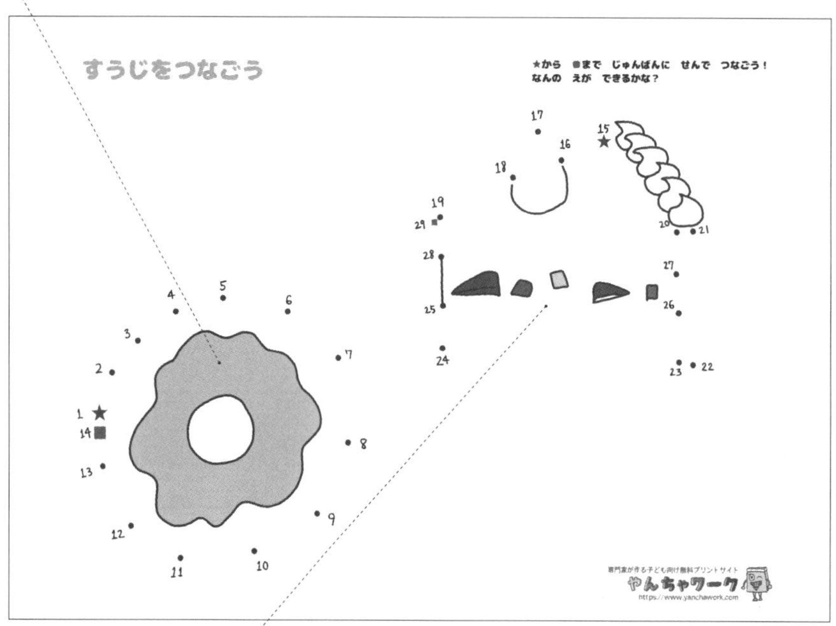


ダウンロードはこちら▶ https://yanchawork.com/tsunagi/

数字の順番が予測しにくい
イラストも用意しました！

使い方のコツ

1. お子さんが数字を読むことができるかを確認してから取り組みましょう
2. 解きながら、数字を声に出してもらいましょう
3. 「何の絵が出てくるかな～」と声をかけ、楽しい雰囲気で進めましょう

## こんな時の関わり方

### お子さんが間違えた時は、お子さんの特徴に合わせて関わり方を変えましょう

間違えた時に、「12の次は何？」とヒントを出す

自分で間違いに気づくまで見守り、気づくことができた時にしっかりほめる

### 数字の順番が曖昧な時は、数字表を使いましょう

数字が書かれている表を用意しておき、見ながら取り組めるようにします

| 1 | 2 | 3 | 4 | 5 | 6 | 7 | 8 | 9 | 10 |
|---|---|---|---|---|---|---|---|---|---|
| 11 | 12 | 13 | 14 | 15 | 16 | 17 | 18 | 19 | 20 |
| 21 | 22 | 23 | 24 | 25 | 26 | 27 | 28 | 29 | 30 |
| 31 | 32 | 33 | 34 | 35 | 36 | 37 | 38 | 39 | 40 |

心理士の知恵袋

### ぬりえにしちゃおう！

数字をつなげて完成したものは、ぬりえにしましょう。できたものを飾ってあげると、さらに達成感につながります。

# 数をかぞえよう

物の数をかぞえるプリントです。数を正しくかぞえるためには、指をさす場所と目で見ている場所がずれないよう、目と手の動きをうまく合わせることが大切です。また、数の順番を知っているだけでなく、『全部で何個』という、数をまとまりとしてとらえる力も必要になります。

POINT1

イラストが横に並んでいるものと、ランダムに並んでいるものの2種類を用意しました！

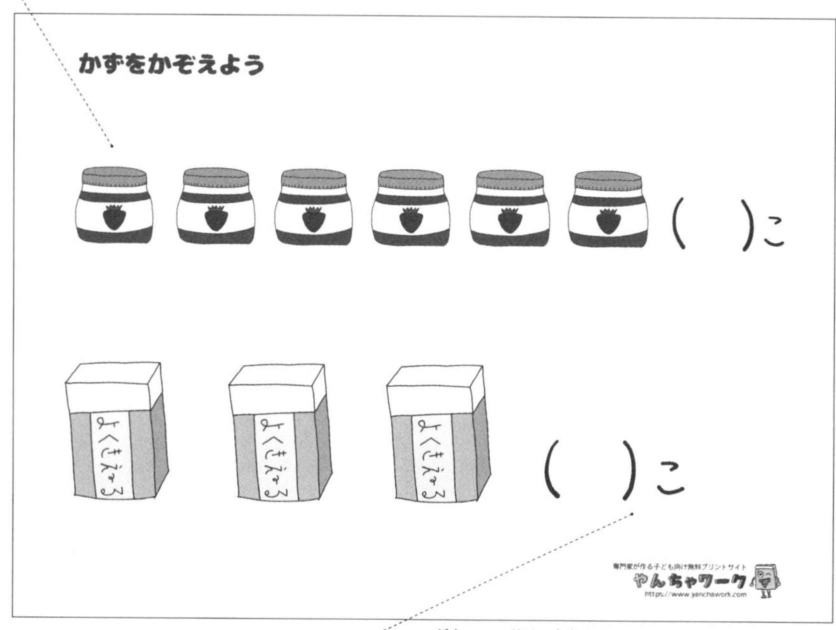


ダウンロードはこちら ▶ https://yanchawork.com/kazu/

POINT2

かぞえる物に合わせた単位の勉強にもなります！

使い方のコツ TIPS

1 「指をさしながらかぞえてごらん」と伝えて、目と手の協応の力を確認しましょう。

2 「これは何の絵だと思う？」と質問し、何をかぞえるのかをイメージしてから始めましょう。

## こんな時の関わり方

### 「全部で○個」がわからない時は、こんな風に関わりましょう

「1、2、3だから、全部で3個だね」と伝える

イラストの上に『1』『2』『3』と数字を書く

積木などをイラストの上に置き、具体的に個数を確認できるようにする

### 目と手の動きがずれてしまう時は、こんな風に工夫をしましょう

個数が少ないプリントから始める

イラストを切り取り、間隔を広く空けて並べ直すことで、かぞえやすくする

お子さんの手を取って、一緒に指を動かしながらかぞえる

心理士の知恵袋

### 記憶ゲームにしちゃおう！

プリントを解き終わったら、イラストを切ってバラバラにして机に並べ、「クイズです！消しゴム1個とジャム4個を取って」などと問題を出しましょう。

# ハサミで切ろう

ハサミを使ってイラストを切るプリントです。ハサミを使うには、『ハサミを持つ手』と『紙を持つ手』とで異なる動きをする必要があり、手先の操作が複雑になります。そのため、手先に不器用さのあるお子さんはうまく扱うことに苦労することが多い道具です。お子さんの状態に合わせてプリントを選んでいきましょう。

POINT1

お子さんに合わせてプリントを選べるように
2つの難易度を用意しました！

ダウンロードはこちら ▶ https://yanchawork.com/hasamidekiro/

POINT2

切り取ったイラストで
様々な遊びができるような大きさにしてあります！

TIPS 使い方のコツ

1 ハサミを使うことに苦手意識がある場合、イラストを切ることをゴールとせず、「切ったもので○○をしよう」という先の楽しみを用意しましょう。

2 ハサミが苦手なお子さんには、イラストごとにプリントを切り分けておくと取り組みやすくなるでしょう。

## こんな時の関わり方

### ハサミをうまく持てない時は、シールを貼って印をつけましょう

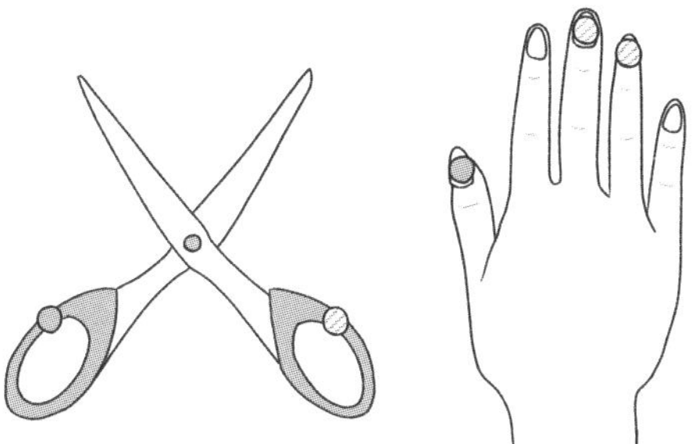

2つの穴に色の異なるシールを貼り、「○色の穴に親指を入れてね」などと伝えてみましょう。慣れないうちは、それぞれの指の爪にも穴と同じ色のシールを貼ることで、さらにわかりやすくすることができます。

### 点線からはみ出してしまう時は、こんな風に工夫をしましょう

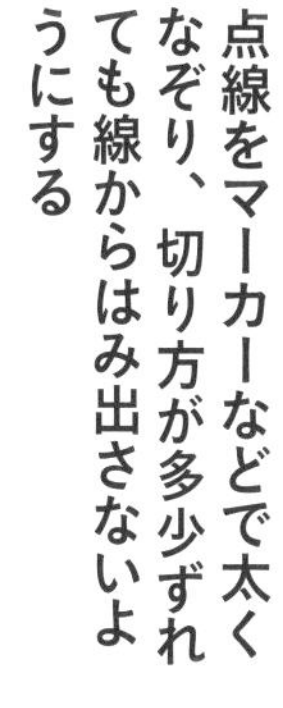

点線をマーカーなどで太くなぞり、切り方が多少ずれても線からはみ出さないようにする

大人が紙を持つことで、点線の上を切ることに集中できるようにする

心理士の知恵袋

### 神経衰弱にしちゃおう！

同じプリントを2枚印刷し、ハサミで切ったものを厚紙に貼って、神経衰弱を作りましょう。自分が切ったものがカードになることで、より達成感も高まります。

# 線をなぞろう

線の上をはみ出さないようになぞるプリントです。線をなぞるためには、『線を目でたどりながら、手の動きを合わせる力』が必要になります。このプリントでは、文字を書くために必要な手先の動かし方（直線・曲線・直角・斜めなど）を練習できるように、様々なパターンを用意しています。

**POINT 1**

クレヨンでも取り組めるように
道幅を広くとってあります！

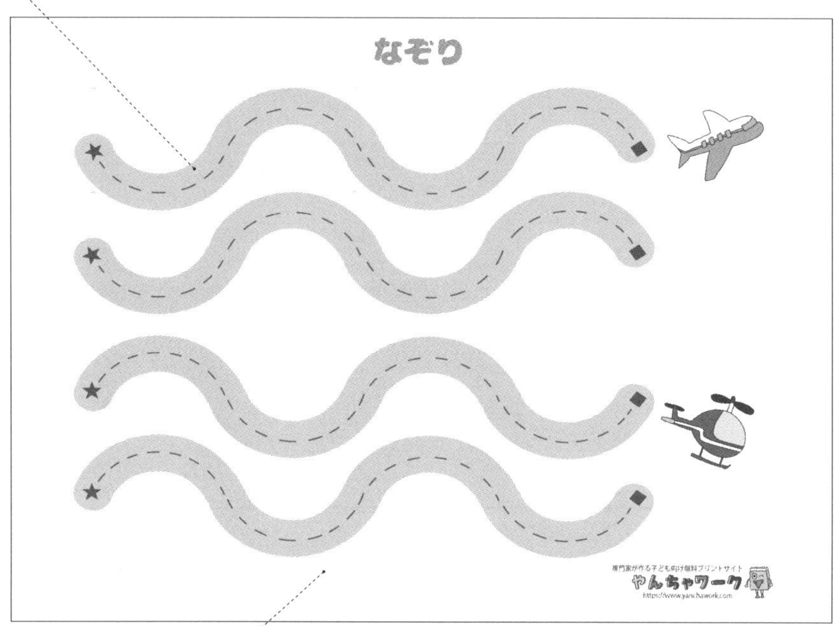


ダウンロードはこちら ▶ https://yanchawork.com/nazori/

**POINT 2**

余計なイラストを入れすぎず、かつ、シンプルに
なりすぎないプリントにしました！

1. お子さんの動きに合わせて、「ぐにゃぐにゃ」「カックン」などと声をかけ、線の特徴を言葉で伝えましょう。
2. 鉛筆やクレヨン以外にも、チョークの粉や筆ペン、マーカーなどを使って楽しんでも良いでしょう。

## こんな時の関わり方

### 鉛筆やクレヨンの操作が難しい場合は、指でなぞりましょう

**指にチョークの粉や絵の具をつけて、**
**なぞってもらいましょう。**
**指に何かをつけることを嫌がる時は、**
**ただ単に指でなぞってもらうだけでOKとします。**

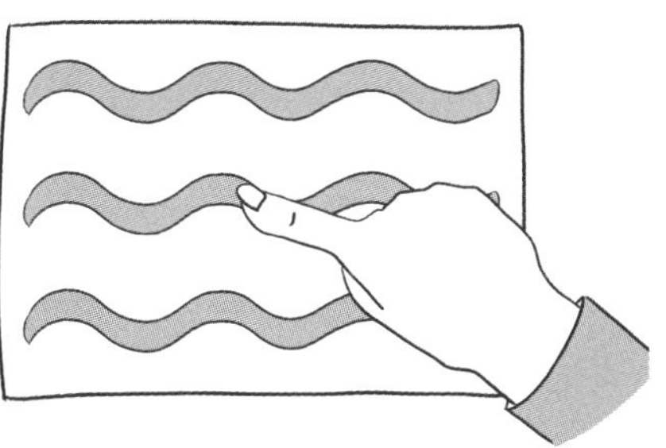

**注意** 鉛筆やクレヨンをうまく扱えない時は、『書くこと』にこだわらず、指でなぞる方法に切り換えましょう。「うまくできた！」という達成感を積み重ね、プリントを楽しめるようになってきたところで、筆記用具を使うようすすめてみることが大切です。

### モチベーションをもって取り組めない時は、こんな風に工夫をしましょう

プリントを
半分に切るなどして、
1回に取り組む量を
減らす

「飛行機が
クネクネ飛んだ跡を
なぞってみよう！」などと、
イラストを活かして
楽しく取り組める
ようにする

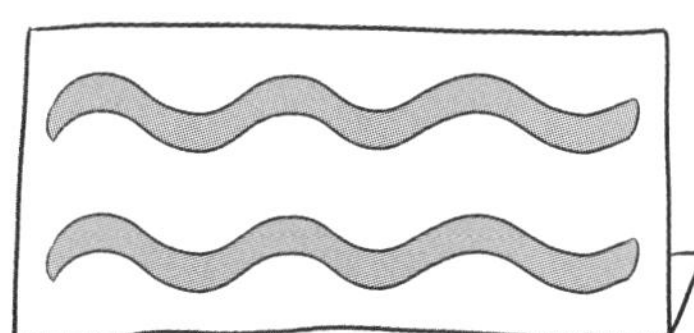

### プリントによってでき具合が変わる場合は、こんな順番でプリントを渡しましょう

① 直線  ② 線の交わり  ③ 曲線  ④ 直角  ⑤ 斜めの線

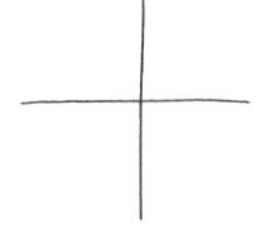

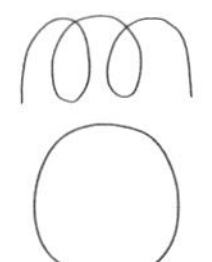

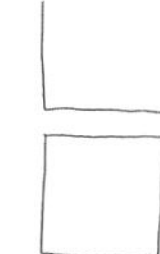

**線を描く順番にも、発達段階があります。**
**多少順番が前後することはありますが、まずは難易度の低いところから始めてみましょう。**
**上手になってきたら次の段階にいくことで、より楽しく取り組むことができます。**

# 消しゴムを使おう

消しゴムを使って、隠れたイラストを探し出すプリントです。事前にイラスト内の枠を鉛筆で塗りつぶしてから、お子さんに渡しましょう。消しゴムは『間違いを直す時』に使うことが多いため、お子さんによっては消しゴムを使いたがらないこともあります。宝探しのように楽しく消しゴムを使うことを通して、手先の使い方を経験するだけでなく、『消すこと』へのネガティブな気持ちを和らげていきましょう。

**POINT1**

宝探しや芋掘りなど、楽しく消しゴムを使えるようなイラストを多く用意しました！

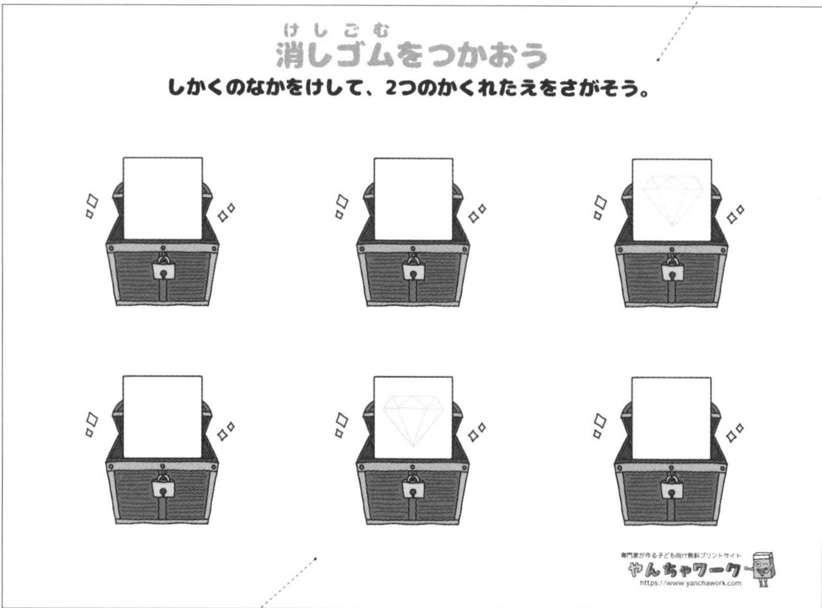


ダウンロードはこちら ▶ https://yanchawork.com/keshigomu/

**POINT2**

プリントによっては、枠を大きくすることで答えがすぐにわからないような工夫をしてあります！

1. 『利き手で消しゴムを持ち、もう一方の手で紙を押さえる』など、消しゴムの上手な使い方を説明しましょう。

2. 「宝箱の中にダイヤが隠れているよ」などと伝えて、モチベーションを高めましょう。

## こんな時の関わり方

### 消しゴムをうまく使えない時は、こんな風に環境を整えましょう

- 大人が紙を押さえる
- プリントを机にテープで貼り、動かないようにする
- ソフト下敷きを使い、紙がずれないようにする

### 途中でイライラしてしまう時は、こんな関わり方をしましょう

- 「次はここを消してみたら？」と、当たりの枠を伝える
- 大人とお子さんが交互に消すようにする
- 鉛筆の線を薄くして、消しやすくする

大人とお子さんが交互に消す時は、
お子さんが当たりを見つけられるように、
大人はわざとハズレの枠を消すようにしましょう。
「見つけられた！」という達成感が、
さらなる意欲につながっていきます。

心理士の知恵袋

## 鉛筆の練習にしちゃおう！

お子さんに問題を出してもらいましょう。新しいプリントを用意して、「次はあなたがお宝を隠してね」と伝えます。普段は鉛筆を嫌がるお子さんでも、クイズを出すためなら頑張れることもあります。

見たり聞いたりしたことを覚える力です。記憶力には、様々な種類があります。例えば、ただの数字の羅列（電話番号など）のように、そのままでは意味を持たないことを覚える『無意味記憶』や、実際に体験をしたことを覚えておく『エピソード記憶』、自転車の乗り方など、技能やノウハウを覚えておく『手続き記憶』など、ほかにもたくさんの種類や分類があります。そのため、単純に「記憶力が悪い」と決めつけるのではなく、「どんな種類の記憶力が苦手なのか」といった視点でお子さんを見ることが大切です。ここでは、4つの代表的な記憶力について解説します。

## 見て覚える(視覚的記憶)

例えば、神経衰弱をするためには、カードの場所や絵柄など、見たことを覚えておく必要があります。見て覚えることが得意なお子さんの場合、言葉だけで何かを伝えるよりも、見本や手本を使って説明をしたり、絵や文字で書いて伝えたりする方が、理解や記憶につながりやすいとされています。

## 聞いて覚える(聴覚的記憶)

例えば、リスニングテストを受ける時には、流れている音声に耳を傾け、少なくとも問題を解き終えるまでの間、内容を覚えておく必要があります。聞いて覚えることが得意なお子さんの場合、やってほしいことを見せて伝えるだけでなく、言葉で手順を説明した方が、理解や記憶につながりやすいとされています。

## 短い間覚えておく(短期記憶)

見たり聞いたりしたことを、数秒～数十秒程度の短い期間覚えておく記憶のことです。この記憶は、時間が経つと自然に忘れてしまうほか、覚えておける量も少ないことから、長い間覚えておく(長期記憶化する)ためには、『くり返し唱える』などの対策が必要です。「〇〇を持ってきて」と言われた直後に別の物を持ってきたり、直前に伝えた約束を守れなかったりする場合、短期記憶に苦手さがある可能性が考えられます。

## 長い間覚えておく(長期記憶)

短期記憶を経て、より長い間覚えておけるようになった記憶のことです。『意識せずに使えるスキル(自転車の乗り方など)』や『言葉の意味』についての知識、『昔経験したこと』に関する記憶など、その種類は様々です。学習場面では、学んだことを忘れないうちに、どのように長期記憶化させるかがポイントとなりますが、お子さん一人ひとりに合わせた工夫が必要になることがあります。

## 覚えておきたい！『ワーキングメモリー』

ワーキングメモリーとは、『先生の話を聞きながらノートに書く』など、『覚えておく』ことと『作業をする』ことを同時に行う時に関わる記憶のことです。短期記憶を長期記憶化するためには、覚えておきながらメモを取ったり、くり返し唱えたりする必要があり、ワーキングメモリーの働きがとても大切になります。ワーキングメモリーの働きには個人差があるため、同じ作業をする場合でも、人によって負担のかかり方や量が異なることがあります。一人ひとりの得意・不得意をしっかりと把握し、何をサポートすれば良いかを考えることが重要です。

## 『記憶力』に苦手さがあることで困ること、理由と対応

### 頼まれたことを途中で忘れやすい

たとえば

「色鉛筆とハサミを持ってきて」と指示をされた時に、どちらか片方しか持ってこなかったり、途中で動きが止まってしまったりする。

どうして

聴覚的記憶に苦手さがあるために起こっている可能性が考えられます。この場合、本人としては話を聞いていたつもりでも、「ちゃんと話を聞いていない」「不真面目だ」などと誤解をされてしまうことがあります。

こうしよう

お子さんによって、一度に覚えられる指示の数には個人差があります。2つ以上のことを覚えておくことが苦手な場合は、指示を1つずつ出すなどの工夫があると良いでしょう。また、聞いて覚えることに苦手さがある場合は、ジェスチャーと一緒に伝えたり、実物を見せて伝えたりすることも大切です。

### 複数の指示を覚えられない

たとえば

授業中、「教科書の◯ページを開けて（指示1）、3番の問題を読んだら（指示2）、ノートに答えを書いて（指示3）」などと複数の指示を出された時に、「先生何ページですか？」と聞き返してしまう。

どうして

聴覚的記憶に苦手さがあるために起こっている可能性が考えられます。聞き間違いや聞き逃しが多くなってしまい、「ちゃんと聞きなさい！」と指摘を受けることもありますが、これは本人のやる気や努力の問題ではありません。

こうしよう

指示を1つずつ出したり、大事なことを黒板に書き出しておいたりする配慮がおすすめです。また、『雑でも良いのでメモをとる』など、忘れないようにする方法を本人に伝えていくことも大切です。

### 文字の読み書きが苦手

たとえば

「『あ』を書いて」と言われても文字を思い出せない。書き順が覚えられない。

どうして

文字の読み方や書き方が咄嗟に思い出せない場合、文字の形の記憶、読み方（音）の記憶、文字の形と音との結び付きの記憶などでつまずいている可能性があります。書き順を覚えられない場合は、いくつかのことを順序立てて覚えることが苦手である可能性があります。

こうしよう

「あひるの『あ』」のように、身近な物のイラストと文字を一緒に覚える方法を試しましょう。漢字などの複雑な形は、語呂合わせや漢字の成り立ちを調べて覚えるのも有効です。書き順は、文字の線に数字や色をつけて書き順が見えるようにしたり、「横、縦、ぐるん（『あ』の場合）」のように、書き順に音をつけたりしてみましょう。

### 知っている言葉が少ない

たとえば

大人の言葉を真似することはできるのに、自分から話す言葉の数がなかなか増えていかない。

どうして

大人の言葉（音）を聞いて覚えることができている一方で、言葉と意味をセットにして記憶できていないために、起こっている可能性が考えられます。『聞いたことはあるけれど、意味はわからない』ため、自分から使いこなすことが難しいのです。

こうしよう

お子さんにとって身近な物から、意味がわかる言葉を増やしていきましょう。実物を見せながら名前をくり返し伝えたり、実際の体験や動きに合わせて言葉を伝えたりする関わりも有効です。また、すでにある程度の言葉を知っているお子さんの場合は、知っている言葉と関連づけて教えることで、記憶に残りやすくなります。

## 体操やダンスが苦手

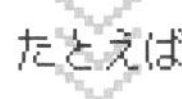

たとえば

先生の見本を見ただけでは、振り付けや動きを覚えておくことができない。

どうして

視覚的記憶に苦手さがあるために起こっている可能性が考えられます。特に、体操やダンスなどの活動は、先生の見本を映像のように一時停止したり、くり返し再生したりすることができないため、見て覚えることに苦手さがあるお子さんは苦戦しやすく、苦手意識を持ちやすい活動なのです。

こうしよう

振り付けや動きをイラストや写真で貼っておくことで、わからなくなった時にすぐ確認できるようにしてみましょう。また、「上、下、伸ばす」などと、振り付けや動きを言葉でも聞かせて教えるのも良いでしょう。

## 覚えて書くことが苦手

たとえば

黒板に書いてあることをノートに書き写すこと（板書）が苦手。

どうして

視覚的記憶やワーキングメモリーに苦手さがあるために起こっている可能性が考えられます。一度に覚えられる量が少ないと、書き写すことに時間がかかり、授業が先に進んでしまうことがあります。また、『先生の話を聞きながら書く』など、ワーキングメモリーの働きが影響する場面も非常に多くなってきます。

こうしよう

大事な箇所を目立たせ、その部分だけを書き写すなど、書く量を調整する工夫が必要なこともあります。また、書き写すのに十分な時間を確保したり、『書く時間』と『聞く時間』をはっきりと分けたりするような配慮があると良いでしょう。

## 初めての単元が身に付かない

たとえば

授業で初めて学ぶ単元では、覚えることに時間がかかる。

どうして

聞いたことがない単語やストーリーなど、意味がわからないことを記憶することに苦手さがあるために起こっている可能性が考えられます。初めての単元は、意味を理解したりイメージを持ったりしにくいため、覚えにくいことがあるのです。

こうしよう

今まで習ったこととの関連性を具体的に伝えたり、新しく出てきた単語の意味をあらかじめメモしておいたりすることで、内容の理解につなげていけると良いでしょう。ストーリーなどの場合は、登場人物の関係性を図にしておいたり、イラストに注目してもらったりすることで、内容のイメージを深めていく方法も効果的です。

## 年号や公式が覚えられない

たとえば

社会科の年号や算数の公式を覚えることができない。

どうして

数字や記号の羅列のように、意味を持たないこと（無意味記憶）に覚えにくさがあるために起こっている可能性が考えられます。歴史の年号や算数の公式は、そのままでは意味（内容）と一緒に覚えることが難しく、無意味記憶に苦手さのあるお子さんにとっては苦戦しやすいものなのです。

こうしよう

『泣くよ、うぐいす平安京（794年）』のように、語呂合わせなどを使って意味やイメージをとらえていけると良いでしょう。算数の公式についても、その式の意味（仕組み）を十分に説明することで、理解や記憶につなげていきましょう。似たような問題をくり返し解くことで、定着させていくことも大切です。

# 色と形のカルタ

様々な色と形を集めたカルタです。枠に沿ってカルタを切り離しておきましょう。カルタを並べる前に、「大きい赤い丸！」などと『覚えておいてほしい形・色・大きさ』を伝えます。その後、カルタを机に並べて、「さっき言ったカルタはどれでしょう?」と聞き、指示を覚えているかどうかを確認しましょう。

**POINT1**

形や色の学習にもなるように
様々な色や形を用意しました！

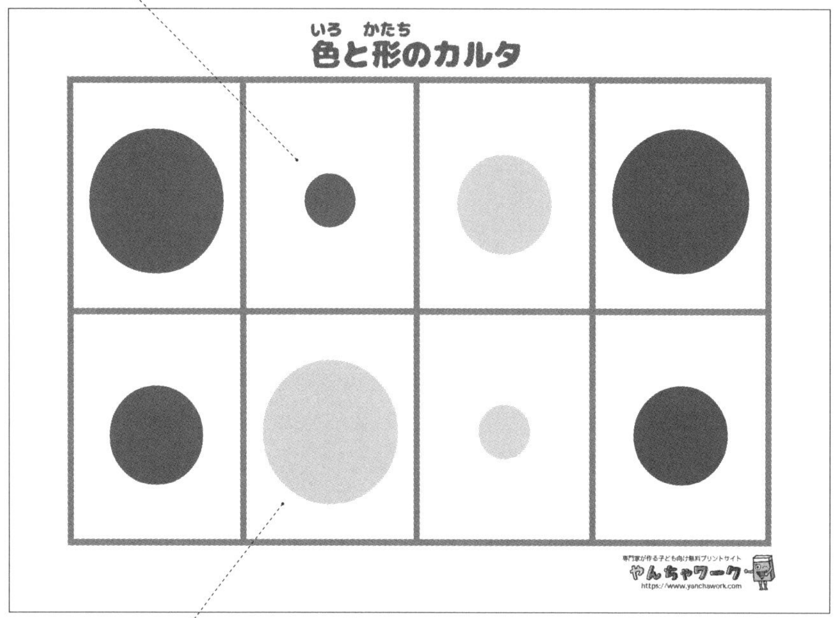


ダウンロードはこちら ▶ https://yanchawork.com/iro_katati_karuta/

**POINT2**

大きさの学習にもなるように
大・中・小の大きさを用意しました！

1 最初は「赤いカード」「四角のカード」など、少ない指示から始めましょう。徐々に「赤い大きい丸と、黄色い小さい四角」などと指示を増やしていきましょう。

2 お子さんにも問題を出題してもらうことで、「言葉で説明する力」も育てていきましょう。

## こんな時の関わり方

### 覚えておくことが難しい時は、どうすれば覚えやすいかを探りましょう

- 言われたことをすぐに復唱する
- 言われた色や形の絵を紙に描いておく
- 「大きい丸」と言いながらジェスチャーをつけ、イメージを補う

### 様々な方法を試しても覚えられない時は、カルタを並べてから指示を出しましょう

この場合、まずは
『言われたものを取る』ことを
目標に取り組みましょう。
慣れてきたら、
【指示を出してからカルタを並べる】
遊び方に移りましょう。

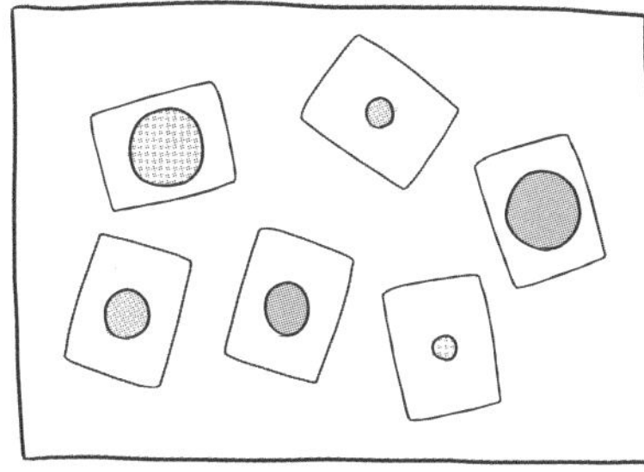

心理士の
知恵袋

## 聞く力を育てる遊びにしちゃおう！

カードを並べ、「大きい丸の上に、小さい丸を重ねて」「大きい丸の右に、小さい四角を置いて」などと伝えることで、指示を理解したり聞いたことを覚えたりする力を育てましょう。

# 記憶の指示書

指示書に書かれていることを覚えて、実行するプリントです。指示書をハサミで切り取り、くじを引くようにして選んでもらうと、楽しく取り組めます。『最後の指示は覚えているけれど、最初の指示は忘れがち』など、お子さんの特徴を把握することもできるプリントです。

POINT 1

モチベーションが上がるようなデザインにしました！

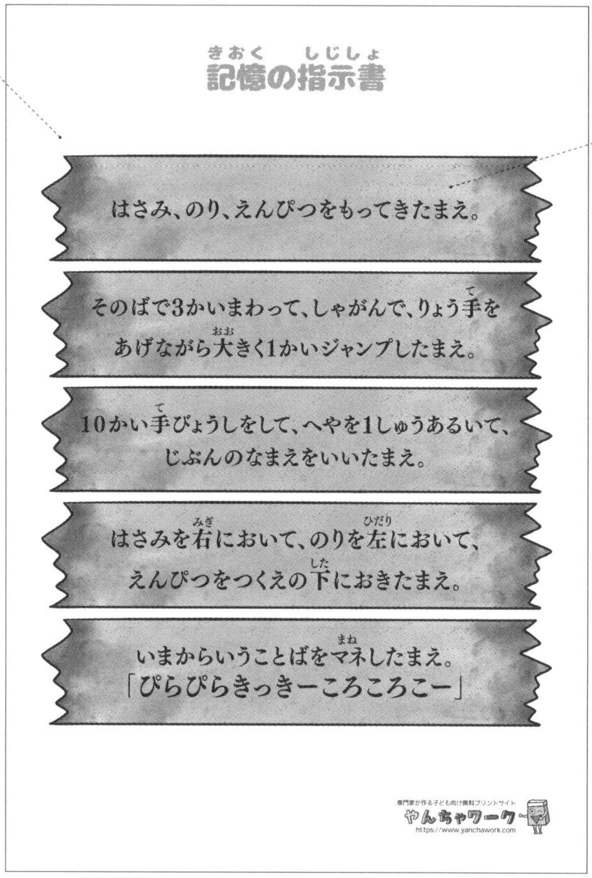

記憶の指示書

はさみ、のり、えんぴつをもってきたまえ。

そのばで3かいまわって、しゃがんで、りょう手をあげながら大きく1かいジャンプしたまえ。

10かい手びょうしをして、へやを1しゅうあるいて、じぶんのなまえをいいたまえ。

はさみを右において、のりを左において、えんぴつをつくえの下におきたまえ。

いまからいうことばをマネしたまえ。「ぴらぴらきっきーころころこー」

専門家が作る子ども向け無料プリントサイト やんちゃワーク https://www.yanchawork.com

POINT 2

指示の内容は、簡単なものから難しいものまで選べるようにしました！

ダウンロードはこちら ▶ https://yanchawork.com/kioku_shijisyo/

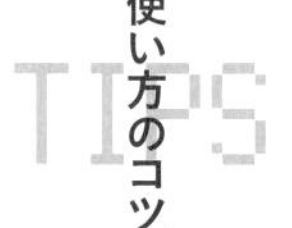


1 指示書を大人が読んで聞かせることで、『聞いたことを覚える力』を育てる練習にもなります。

2 大人とお子さんが交互に取り組むのも良いでしょう。わざと大人が間違えた時、お子さんが間違いを指摘できるかどうかも確認しましょう。

## こんな時の関わり方

### 指示を忘れてしまった時は、こんな風にヒントを出しましょう

- 指示書をもう一度見せる
- 「何回、手拍子をするんだっけ？」と質問する
- ジェスチャーを見せて、次の指示を伝える

### 指示を覚えることが難しい時は、どうすれば覚えやすいかを探りましょう

- 書かれていることをくり返しつぶやいて覚える
- 指示書を見ながら一度やってみる
- 大人が一度お手本を見せる

心理士の
**知恵袋**

### 一緒に指示書を作っちゃおう！

このプリントには、お子さんと一緒に指示を考えて書き込めるプリントも用意してあります。やり方に慣れてきたら、一緒に指示を考えると楽しめるでしょう。

# 絵を覚えよう

プリントの上部に描かれた見本を覚え、下の枠内から同じイラストを見つけるプリントです。見たことを覚える力を育てるプリントとして作成しました。見本の数は、1つから4つまでを用意してあります。覚えてから答えるまでの時間を伸ばすことで、難易度を上げてみても良いでしょう。

**POINT 1**

似たような色を集めることで難易度を上げています！

**POINT 2**

見本を折って隠せるように隙間を空けました！

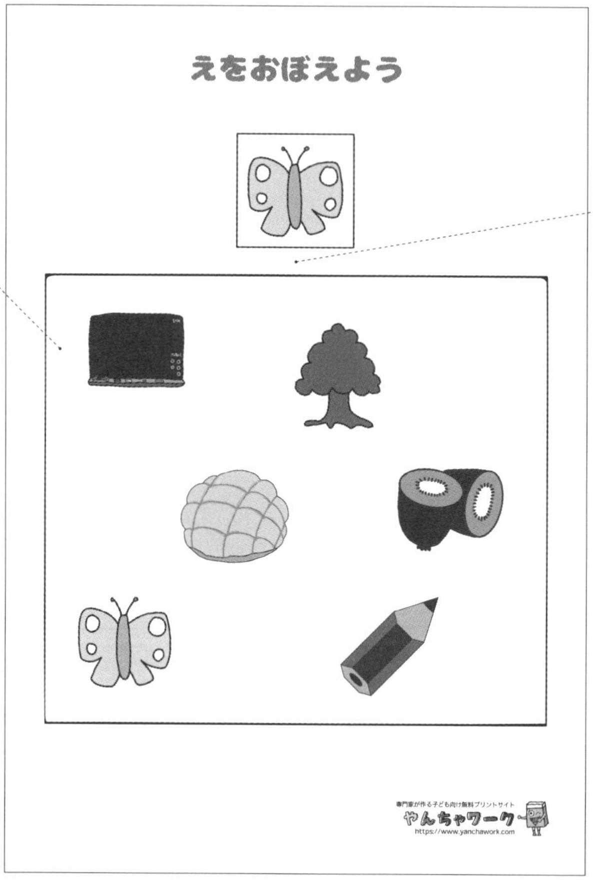

えをおぼえよう

専門家が作る子ども向け無料プリントサイト
やんちゃワーク
https://www.yanchawork.com

ダウンロードはこちら ▶ https://yanchawork.com/oboeyou/

**TIPS 使い方のコツ**

1. 「これは何の絵かな？」と聞き、イラストを理解しているか、確認してから取り組みましょう。

2. 覚えてから答えるまでの時間を調整してみましょう。ほかのプリントを1枚解いてから答えてもらうなどすると、さらに難易度を上げることができます。

## こんな時の関わり方

**覚えておくことが難しい時は、どうすれば覚えやすいかを探りましょう。**

**「蝶々、木、メロンパン、キウイ」などと、くり返しつぶやいて覚える**

**紙にメモをして覚える**

**「木にとまった蝶々」「メロンパンとキウイは甘い」など、ストーリーを作る**

## 絵のチップにしちゃおう！

見本の絵を枠線で切り取って、チップにしましょう。厚紙に貼り付けることで、マッチングや神経衰弱、上位概念の分類で使うのも良いでしょう。

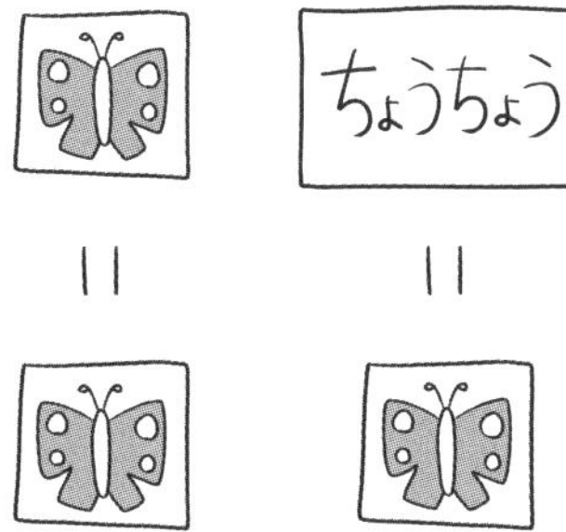

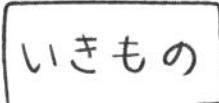


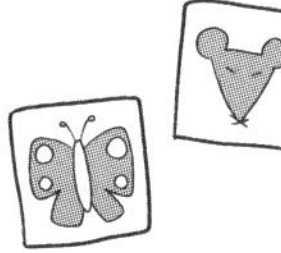

**マッチング**

イラストとイラストのマッチング、
文字とイラストのマッチングなどに使えます。

**上位概念の分類**

仲間を見つけるゲームとして使えます。

コラム 6

## 「これ、使いやすい！」勉強お役立ちグッズ

お子さんが勉強をしている時、こんな場面を見たことはありませんか？

**鉛筆をきちんと持てていない**
**音読をする時に、同じ行を何度も読んでしまう**
**筆算をすると、数を書く位置がずれてしまう**
**などなど**

『手先の器用さ』や『目の動きのコントロール』を高めたり、『筆算のルール』を理解したりすることで改善されるかもしれませんが、言われてすぐにできるようになるものではありません。そんな時は、【勉強お役立ちグッズ】を使ってみましょう！ 普段使っている文房具を少しアレンジすることで、格段に取り組みやすくなることがあるのです。『楽に勉強をする』ことは、決して悪いことではありません。お子さんが楽しく、前向きに取り組める気持ちを育てていきましょう！

### 定規が上手に使えない

定規が動かないようにおさえつつ、鉛筆を滑らかに動かす…。意外と難しいものです。大人が手伝ってあげるのも良いですが、滑り止め機能がついた定規や、定規用の滑り止めシールを使ってみるのも良いでしょう！

**目盛りが上手に読み取れない…**

定規の目盛りが細かすぎて、長さを正しく読み取れない…。そんな時は、目盛りの見やすさに注目してみましょう！ 色のコントラストがはっきりしているものや、目盛りの長さが工夫されているものなど…。お子さんにぴったりの定規を探してみてくださいね。

### 鉛筆が上手に持てない

まずは、使っている鉛筆の太さや長さをチェックしてみましょう！ 手の大きさと鉛筆のサイズが合っていないと、指に余計な力が入ってしまい、手の形が崩れたり、すぐに疲れたりすることにもつながります。

**鉛筆を指先でつまめない…**

指の位置にやわらかいグリップをつけることで、つまみやすい太さに調整したり、鉛筆が滑らないようにしたりしましょう！

**握り持ちをしてしまう…**

手の中に小さいボールや丸めたティッシュなどを握ることで、手の形が自然に整うようにしてみましょう！

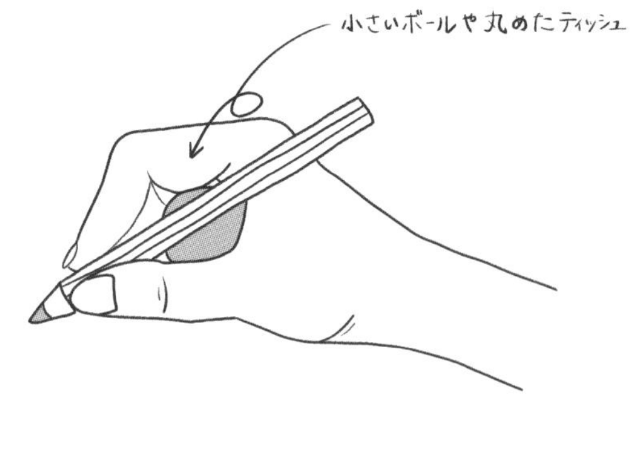

## 筆圧が強すぎる／弱すぎる

鉛筆を持つ手にこめる力加減がうまくコントロールできない時、ちょうど良い筆圧で書くことが難しくなることがあります。強く書きすぎて紙が破れてしまったり、字が薄すぎて読めなかったり…。そんな時は、鉛筆の芯の硬さ（＝濃さ）を調整してみましょう！

**力加減をコントロールするために…**

『どれだけ力をこめているか』を感じやすくするために、硬筆用のソフト下敷きを使ってみても良いでしょう。下敷きの沈み具合で力の強さがわかりやすくなるだけでなく、紙もズレにくくなるのでおすすめです！

## ノートに書く字が整わない

手先や視線の細かい動きに苦手さがあると、ノートの細い罫線や小さいマスに文字を書くことが難しく、ノートの字や筆算がガタガタとずれてしまうことも…。まずは、罫線の幅が広いノートや、マス目が大きいノートを使ってみると良いでしょう！

**筆算をすると、数の位置がずれてしまう…**

1の位や10の位など、それぞれの位ごとにマス目を色分けし、どこに数字を書けば良いかをはっきりとさせてみましょう！ くり上がり・くり下がりがある場合は、次の桁に足し引きする数を書いておく場所も作っておくと、見落としにくくなります。

## 同じ行を何度も読んでしまう

『今読んでいるところ』がわかりやすくなるような工夫をしてみましょう。指をさしながら読む方法が最も一般的かと思いますが、読む速さに合わせて指を動かすことに苦戦してうまくいかない…ということも。そんな時は、読んでいるところ以外を目隠しする方法を試してみましょう！

**下敷きを使って隠そう**

読んでいる行に沿って下敷きを動かしていきましょう！ この時、派手な色やキャラクターの下敷きは使わず、シンプルな色の下敷きを使うことが大切です。

**型紙を使って隠そう**

無地の型紙を用意し、読んでいる行だけが見えるように、穴をあけてみましょう！ 余計な部分が目に入らなくなり、集中しやすくなる効果も期待できます。

お子さんの「できた！」を増やしていくために、「どうしたら勉強が楽になるか？」という視点で考えてみることはとても大切です。最近では、様々に工夫がなされた文房具やアプリなどもたくさん手に入れることができます。「こんなのもあるんだ！」と、大人も楽しく工夫してみてくださいね！

（臨床心理士、公認心理師　古島時夫）

言葉を聞いて理解したり、自分の言葉で表現・説明したりする力です。
言葉でのやり取りがスムーズに行われるためには、単に語彙を多く持っているだけでなく、
様々な言い回しやルールなどの知識も必要となります。やんちゃワークでは、
言葉の力を『知識』、『理解』、『表現・説明』に分けてプリントを掲載しています。

## 知識ってなに？

### 語彙や慣用句

知っている言葉が少なければ、言われたことを理解したり、自分の思いや意見を上手に説明したりすることはできません。また、慣用句（例：「骨を折る」）や比喩表現なども、コミュニケーションには必要な知識です。

### ルール

目上の人に敬語を使うことや、主語と述語の関係性など、言葉には様々な社会的なルールや文法上のルールがありま す。ルールを理解することで、人とスムーズにコミュニケーションを取ることができます。

## 理解ってなに？

### 言葉の意味がわかる

言葉を聞いて理解するためには、言葉の意味を正しくわかっている必要があります。『知識』にもあるように、意味のわかる言葉（語彙）を増やしていくことが、スムーズなコミュニケーションにつながります。

### 言葉の意図がわかる

例えば、電話に出た時に「お母さんいますか？」と言われた場合、『お母さんに電話を代わってほしい』という意図が含まれています。このように、前後の文脈や相手の気持ちをくみ取ることで、相手が言いたいことを正しく理解することができます。

## 表現・説明ってなに？

### 文章を組み立てる

おいしかった　あかいイチゴ
きのう　たべた　あまかった

きのうあかいイチゴをたべたら、
あまくておいしかった。

いくつかの単語を組み合わせて、自分の気持ちや意見を正しく表現する力です。自分の言いたいことを表す語彙や言い回しの知識だけでなく、助詞や接続詞などの文法的なルールについても理解していることが大切です。

### わかりやすいように伝える

話し相手に説明をするためには、相手にとってわかりやすい伝え方をする必要があります。話している時の相手の反応や表情を見て、伝え方を変えていくこともあるでしょう。起承転結がわかりやすい話し方や、結論や質問したいことが何であるかをわかりやすく伝える力を育てることが大切です。

## 『言葉』に苦手さがあることで困ること、理由と対応

### 話が噛み合わない ①

**たとえば**

「昨日こんなことがあってさ、顔から火が出るかと思ったよ」に対し、「え、顔から火は出ないよ?」と答える。

**どうして**

言葉の知識の中でも、慣用句的な表現の理解が難しいために起こっている可能性が考えられます。文字通りの意味で受け取ってしまうために、話が噛み合わなくなることがあります。この場合、その場はなんとかやり過ごしても、伝えたいことが伝わっていなかった、などということが起こりやすくなります。

**こうしよう**

生活の中で、様々な言葉に触れる機会を増やしていきましょう。大人がいろいろな言葉を使って話しかけながら、その都度意味を伝えていく関わりをしていくことが大切です。また、例え話や慣用句の理解が難しい場合は、簡単な言葉を使って話しかけましょう。

### 話が噛み合わない ②

**たとえば**

「ぼく、明日遊園地に行くんだよ」と言いたいのに、「ぼく、遊園地なんだよ」と言ってしまう。

**どうして**

言葉で説明する力に苦手さがあるために起こっている可能性が考えられます。「誰が」「いつ」「どこで」「何を」「なぜ」「どのように」といったポイントをおさえて説明することは、自分の伝えたいことを伝えるために大切な力です。

**こうしよう**

お子さんに対して、「誰が?」「いつ?」などと1つずつ質問し、大切な情報を集めていきましょう。その後、「〇〇と△△をして楽しかったのね」などと、伝わりやすい文章を言って聞かせることで、表現のレパートリーを広げていくことが大切です。『今日、幼稚園や学校であったこと』などを話す時間を設けるのも良いでしょう。

### 文章読解が苦手 ①

**たとえば**

絵本や文章問題、物語文などを読んでも、内容が理解できていない。

**どうして**

言葉の知識が少ないために起こっている可能性が考えられます。語彙が少ないと、書かれていることの意味がわからないため、文章読解が苦手になることがあります。

**こうしよう**

どんな言葉を理解していないのか(名詞や慣用句など)を確認しましょう。お子さんがつまずいている部分がわかれば、それを中心に教えていくことができます。また、文章問題を解く時は、わからない言葉があるかどうかを事前に確認し、辞書などを使って一緒に調べてから問題に取り組むのも良いでしょう。漢字の読み方がわからない場合、読み方を問う問題がない限りは、先にふりがなを書いておくことで理解の助けになることがあります。

### 文章読解が苦手 ②

**たとえば**

言葉の意味はわかっているのに、ストーリーが理解できていない。

**どうして**

言葉で表現された意図や背景を理解することに苦手さがあるために起こっている可能性が考えられます。『イメージする力』でも紹介した、『文脈理解』の苦手さが影響している可能性もあります。前後の文脈を関連づけて読み取ることが難しく、登場人物の表情などが具体的に書かれているわけでもない場合、目に見えない『気持ち』や『背景』を推測しにくくなってしまうのです。

**こうしよう**

誰のセリフなのか、どんな気持ちなのか、ストーリーがどのように展開しているのかなどを、1つずつ丁寧に確認していきましょう。物語の内容や展開を簡単なイラストで表現することで、理解を深める方法も有効です。

## 短文が作れない

### たとえば

「私は昨日、焼肉を食べました」などの短い文章が作れない。

### どうして

文章を組み立てる力に苦手さがあるために起こっている可能性が考えられます。短文を作るためには、語彙の多さだけでなく、文法のルールなどを理解している必要があります。相手に伝わりやすい文章を作るためには、助詞の使い方や主語と述語の関係性などをわかっていることが大切です。

### こうしよう

文法のルールを学ぶことで、短文を作る力を育てていきましょう。生活の中で、お子さんの動作や気持ちを文章にして伝えていくことも良いでしょう。やんちゃワークでは、『助詞』や『動詞』のプリントもありますので、プリントでの学習を通して力を育てることも有効です。

## 作文が苦手

### たとえば

短文は作れても、作文などの長い文章を作ることは苦手。

### どうして

説明の組み立て方がわからないことや、文章と文章をつないで表現することに苦手さがあるために起こっている可能性が考えられます。伝わりやすい文章の順番（展開）や、文章をつなぐための接続詞などを理解することで、作文を作ることが上手になります。

### こうしよう

作文のフォーマット（例：「ぼく・わたしは、○○○という本を読みました」「一番心に残ったことは、○○○です」）を作り、そこに単語や文章を当てはめる方法で、文章を組み立てる練習を積み重ねていけると良いでしょう。実体験を題材にした作文であれば、その時の写真などを時系列に沿って並べ、それぞれについて言葉で説明することで、内容を整理しても良いでしょう。

## 自分の意見をうまく伝えられない

### たとえば

自分の意見をわかりやすく相手に伝えることが難しい。

### どうして

自分の意見を相手にとってわかりやすく表現するためには、自分の意見を言い表す言葉を知っているだけでなく、『順序立てて説明する』『結論を先に伝える』など、様々な工夫が必要です。言いたいことをすべて話すのではなく、要点をまとめて伝える表現を体験的に学ぶことも大切です。

### こうしよう

お子さんの言いたいことを大人がまとめ直すなどして、わかりやすい表現をその場で学んでいくと良いでしょう。やんちゃワークの『こんな時なんて言う？』『こんな時どうやって断る？』などのプリントを通して、具体的な場面を想定しながら、わかりやすい表現の幅を広げていく方法も効果的です。

# 道案内

やんちゃワークのキャラクターである『やんちゃん』をスタート地点として、「やんちゃんがお花屋さんに行くには、どうやって行ったら良い?」などと聞き、お子さんに言葉で道案内をしてもらうプリントです。左右の理解や相手の視点に立って説明する力を育てましょう。

**POINT 1**

お子さんが知っている
お店や施設を多く取り入れました！

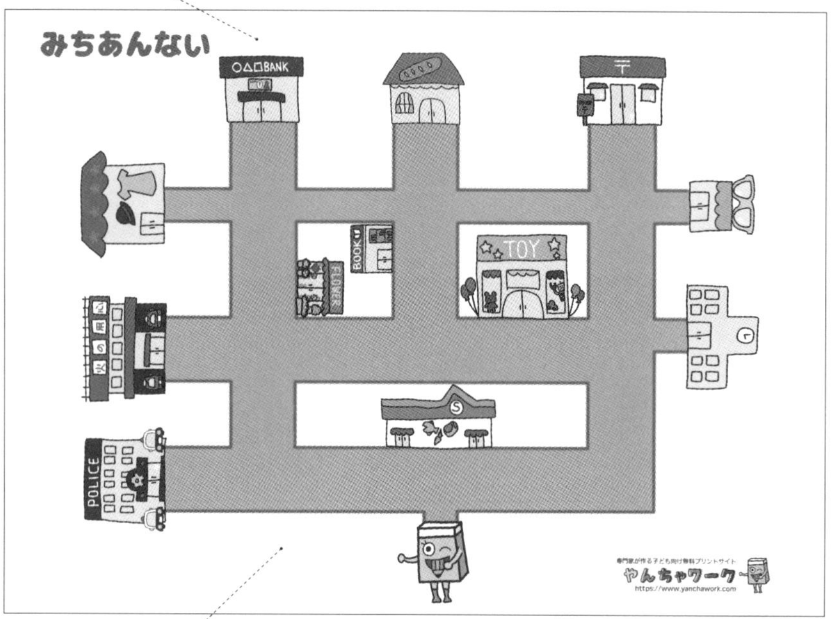


ダウンロードはこちら ▶ https://yanchawork.com/michiannai/

**POINT 2**

家や好きなお店を描き足せるように
隙間を空けてあります！

1

プリントに描かれたお店・施設の種類を確認してから取り組みましょう。イラストの上に『ぎんこう』などと書いておくのも良いでしょう。

2

左右の違いを理解できているか、確認してから取り組みましょう。まずは大人がやって見せるとわかりやすいプリントです。

## こんな時の関わり方

### 進む方向を言葉で説明することが難しい時は、ヒントカードを用意しましょう

道案内でよく使われるフレーズをカードで用意しましょう。カードを見ながら説明することで、相手にわかりやすく説明する力を育てることができます。

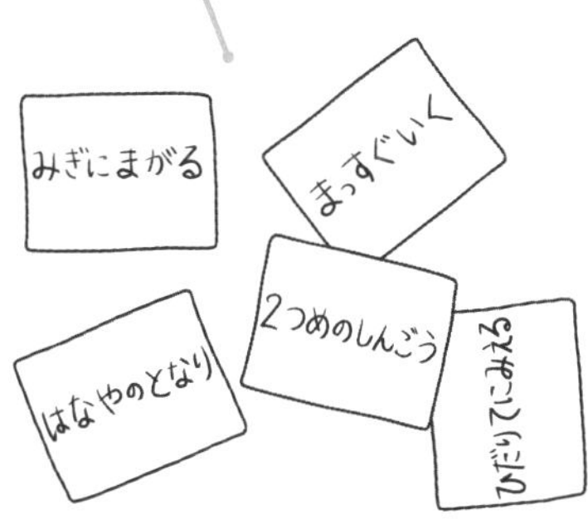


**注意**
お子さんの説明に「それじゃわからないよ」などと否定的なコメントをすることは控えましょう。お子さんが説明したいことをくみ取りながら、「角を右に曲がったら、真っ直ぐ進むんだね」などとわかりやすく伝えることで、表現のレパートリーが増えていきます。

### 『やんちゃん』の視点に立った説明が難しい時は、こんな風に関わりましょう

『やんちゃん』のイラストを切り取って、実際に動かす

人間や動物のフィギュアを動かす

道順を指でなぞりながら説明してもらう

心理士の
## 知恵袋

### 地図クイズにしちゃおう！

「学校からパン屋さんに行くためには、どうやって行くのが一番近い？」とクイズを出したり、道に家を描き足して、「家からパンとお花を買って帰ってくるには、どの順番でいくのが一番近い？」などと聞いたりして、地図を読み取る遊びにしましょう。

学校からパン屋さんに行くには
どうやって行くのが一番近い？

# 文章を作ろう

3つの単語を使ってオリジナルの文章を作るプリントです。お子さんの力によって、『1つの文に3つの単語を入れる』『文が2つになっても良しとする』など、目標を調整しましょう。助詞の使い方や主語述語の構成など、作文の基礎となる力を育てます。

POINT1

感情を表す言葉を含む
問題もあります！

**ぶんしょうを　つくろう**

**3つのことばをつかって　ぶんしょをつくろう**

| ゲーム　　くやしかった　　まけ |
|---|

| えいが　　おとうさん　　かんどう |
|---|

やんちゃワーク

ダウンロードはこちら ▶ https://yanchawork.com/bunsho_tsukuro/

POINT2

文を書くだけでなく、イラストを描くことも
できるスペースを用意しました！

1 まずは大人がやって見せることで、『文章を作る』ことのイメージを伝えましょう。

2 このプリントの答えは、1つではありません。お子さんが作った文章のほかに、「こんなのもあるよ」と様々な答えを伝えましょう。

## こんな時の関わり方

### 文章が思いつかない時は、こんな風にヒントを出しましょう

単語をイラストにして、イメージを補う

「お父さんが」などと、文章の出だし部分だけを伝える

助詞がわからない時は、選択肢を用意して選んでもらう

### 『答えを書く』ことを嫌がる時は、こんな風に工夫をしましょう

お子さんに答えを言ってもらい、大人が代わりに書く

タブレットやパソコンで答えを打ってもらう

口頭で答えるだけで良しとする

書くことが苦手なお子さんの場合、『答えを書く』ことにこだわりすぎず、上記のような方法を取り入れてみることも大切です

### 心理士の知恵袋

## 難易度を上げて挑戦！

全く関係のない単語を1つ追加して、文章を作ってもらいましょう。作った文章から状況をイメージして、一緒に笑い合えると楽しいですね。

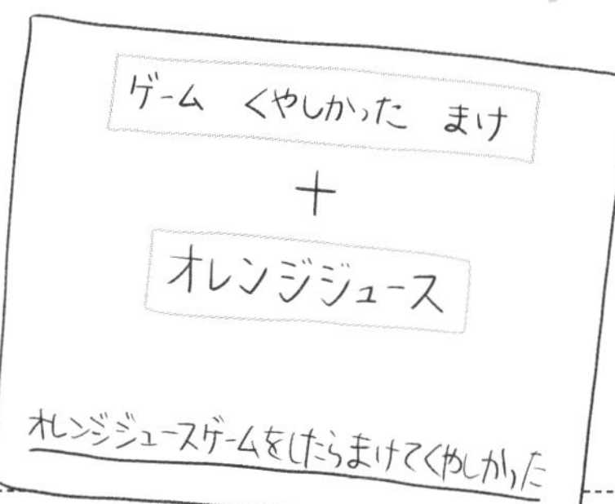

# 福笑い

お正月遊びでおなじみ、福笑いのプリントです。顔のパーツをハサミで切り取り、顔を完成させます。遊び方によって、様々な力を育てることができるプリントですが、2人で遊ぶ場合、ひとりは目隠しをして、もうひとりが顔のパーツを置く場所を指示することで、言葉の理解力や説明力を育てることができます。

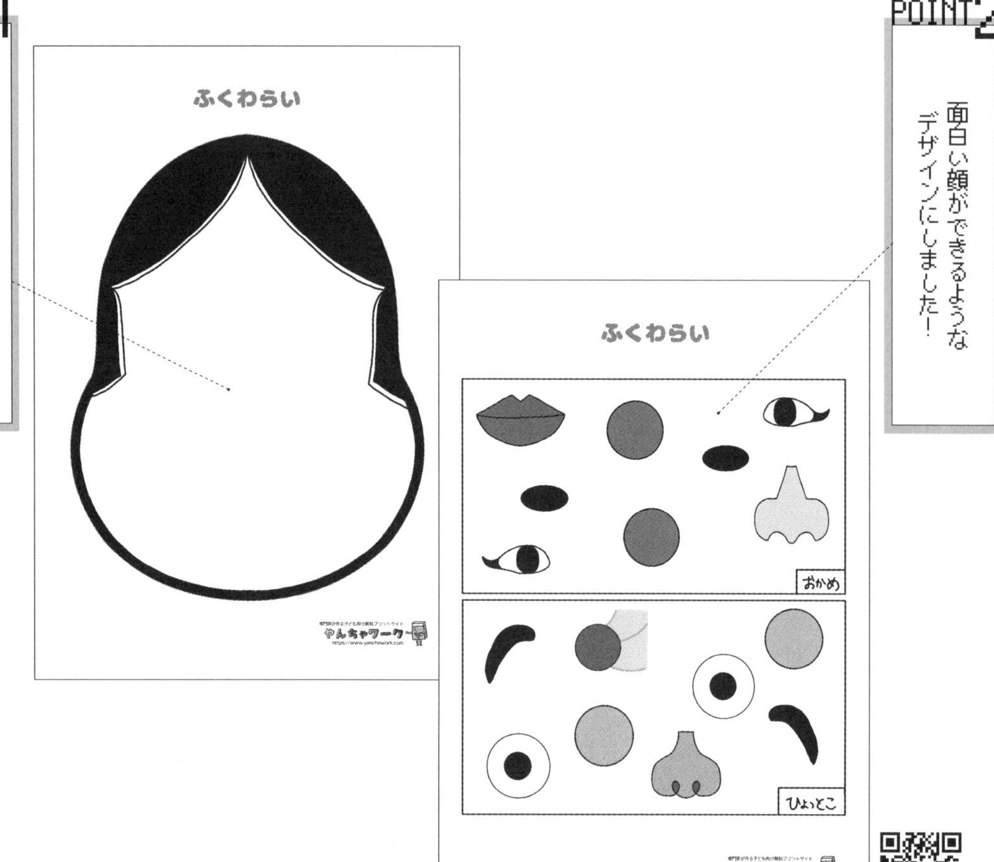


ダウンロードはこちら ▶ https://yanchawork.com/fukuwarai/

まずは大人がやって見せましょう。わざと面白い顔を作って見せることで、楽しい雰囲気で取り組むことができます。

それぞれのパーツが何を表しているのかを確認してから取り組みましょう。

## こんな時の関わり方

### うまく言葉で説明できない時は、ヒントカードを用意しましょう

位置や向きを伝えるフレーズをヒントカードにしておき、それを見ながら取り組めるようにしましょう。

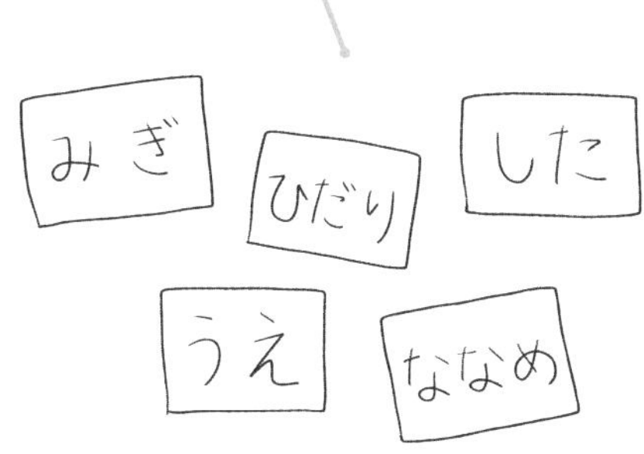


### 「右」「下」などの指示を理解することが難しい時は、目隠しをせず、指示通りにパーツを動かす練習をしましょう。

大人がお子さんの手を取って、パーツを一緒に動かしても良いでしょう

心理士の
知恵袋

### 難易度を上げて挑戦！

指示を出す人が、顔を作る人と向き合う場所に座るようにしましょう。『自分から見たら右だけれど、相手から見たら左』というように、相手の視点に立って説明する力を育てることができます。

# 動詞

左側に書かれている名詞に合った動詞を線でつなぐプリントです。一般的に、動詞を覚えることは、名詞を覚えることよりも難しいと言われています。名詞は目に見えますが、動詞は目に見えないためです。また、「かく」という言葉1つをとっても、「鉛筆でかく」のと「身体をかく」のとでは、ずいぶん見た目が異なります。このプリントを通して、動詞の習得度を確認しましょう。

**POINT 1**
生活の中で出てきやすい言葉を多く集めました！

**POINT 2**
問題に集中しやすいようにイラストは入れずシンプルな作りにしました！

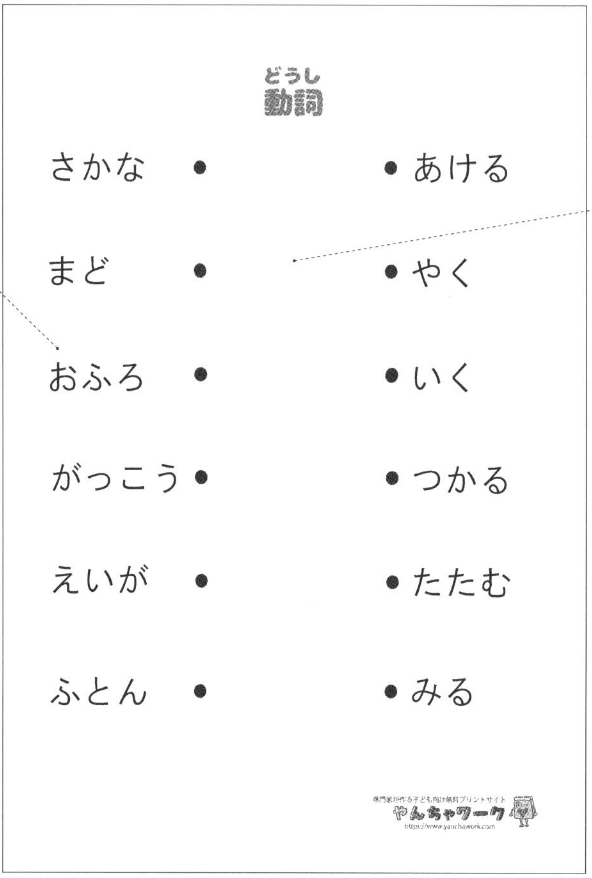

どうし
**動詞**

| | |
|---|---|
| さかな ● | ● あける |
| まど ● | ● やく |
| おふろ ● | ● いく |
| がっこう ● | ● つかる |
| えいが ● | ● たたむ |
| ふとん ● | ● みる |

専門家が作る子ども向け無料プリントサイト やんちゃワーク https://www.yanchawork.com

ダウンロードはこちら ▶ https://yanchawork.com/doshi/

1 左側に書かれている名詞の意味を理解することができているかを確認してから取り組みましょう。

2 うまく線を引くことができない場合は、定規を使って線を引きましょう。

## こんな時の関わり方

### 「わからない」と言った時は、その理由を探りましょう

**やり方が「わからない」**

一度大人がお手本を見せてみましょう

**答えが「わからない」**

イラストを描いたり、実際に身体を動かしてジェスチャーで意味を伝えたりしましょう

### 動詞の意味がわかっても答えを間違えた時は、こんな風に関わりましょう

**身体を動かしてジェスチャーで表現する**

**「魚を？」と、助詞も一緒に伝える**

**イラストを描いてイメージを補う**

心理士の知恵袋

### 難易度を上げて挑戦！

プリントを真ん中で折って、動詞だけが見える状態にします。お子さんに動詞を見せながら、「畳むものは、な〜んだ？」と問題を出すことで、イメージする力を育てていきましょう。

イメージする力
注意・集中力
見て理解する力
運動
記憶力
言葉
感情
社会性・コミュニケーション
数に関する力

# じゃんけん

このプリントは、イラストを見て勝ちに丸をつけるプリントです。じゃんけんは生活の中でよく出てくるものですが、実際の場面では、手が動いてしまうため見えにくい、靴や床といったほかのものが見えてしまうため手の形だけに注目することが難しい、十分に考える時間がないまま進んでしまうなどの理由で、案外学ぶことが難しいのです。このプリントを使って、じっくりと理解を深めていきましょう。

**POINT 1**

2人~5人までのプリントを
用意しました！

**じゃんけん**

**かちに ○ をつけよう。あいこのときは「あいこ」といおう。**

専門家が作る子ども向け無料プリントサイト やんちゃワーク https://www.yanchawork.com

ダウンロードはこちら ▶ https://yanchawork.com/janken/

**POINT 2**

問題に集中しやすいように
シンプルな作りにしました！

**TIPS 使い方のコツ**

1. 手で『グー、チョキ、パー』ができるかどうかを確認してから取り組みましょう。

2. グーは石、チョキはハサミ、パーは紙で表せることがわかるように、実物を使って説明しても良いでしょう。

## こんな時の関わり方

### じゃんけんの意味が理解できない時は、段階を踏んで教えていきましょう

1 物を使って、それぞれどちらが勝ちでどちらが負けかを確認しましょう

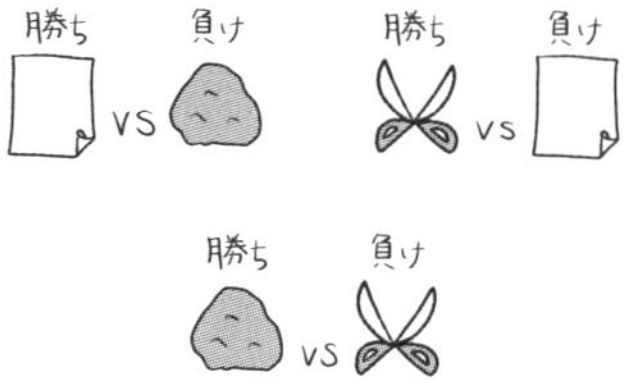


2 物と手の形を一致させましょう

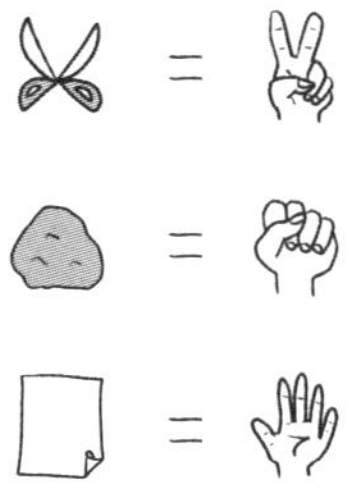


3 プリントに取り組んでみましょう

4 1対1でゆっくりじゃんけんをしてみましょう

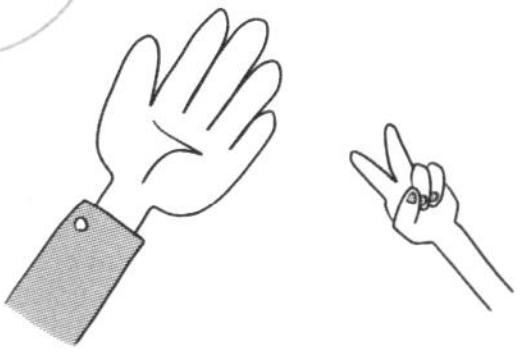

心理士の知恵袋

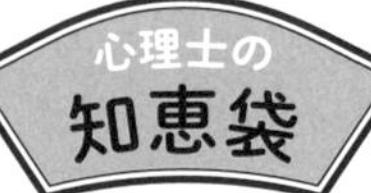

### 難易度を上げて挑戦！

「あいこにするには、何を出せば良い？」と伝え、難易度を上げてみましょう。頭の中でイメージしたり、推測したりする力を育てます。

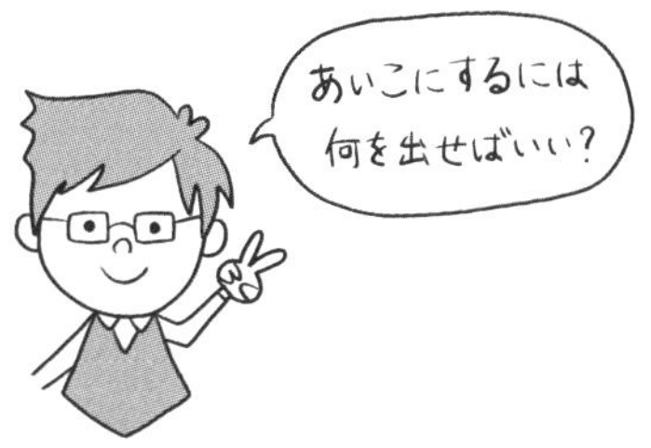

# 仲間を見つけよう

このプリントは、乗り物や食べ物のような『上位概念』を学ぶプリントです。『上位概念』は実際に存在しないため、とても抽象的なものです。これを理解するためには、それぞれに共通する部分を自分で見つけ出す必要があります。物の名前を覚えたお子さんには、ぜひ使ってみていただきたいプリントです。

POINT1

イラストをカラフルにすることで
お子さんの興味を惹きやすくしました！

ダウンロードはこちら ▶ https://yanchawork.com/michiannai/

POINT2

すぐには答えが出にくい問題もあります！

1 お子さんが、イラストの名前を理解しているかを確認してから問題に取り組んでもらいましょう。

2 正解を導くことができたら、「どうしてこれは一緒だと思ったの？」と、答えに行き着いた過程を聞きましょう。

## こんな時の関わり方

### 間違えた時は、<br>こんな風にヒントを出しましょう

自分で考えられたの、<br>偉かったね。<br>どうしてこれを選んだの？

こんな分け方もあるよ。<br>これ乗り物。<br>これは動物。<br>じゃぁこれは？

▼

答えを選べたら、<br>なぜその答えが良いと思ったのかを聞いてみましょう

### 色や形で仲間分けをしようとしている時は、<br>仲間分けのやり方を見せてから<br>取り組みましょう

▼

何枚かプリントを印刷してイラストを切り取り、<br>「これは乗り物」「これは食べ物」などと<br>分ける様子を見せましょう

心理士の
## 知恵袋

### 部屋にあるものを探すゲームにしちゃおう！

「部屋の中から、道具を探してきて」「次は、切る物を探してみよう！」などと伝えて、上位概念の学習をゲームにしましょう。

# 感情

自分や相手の気持ちを理解したり、自分の気持ちをコントロールしたりする力です。
やんちゃワークでは、大きく『感情理解』と『感情のコントロール』に分けています。
癇癪が多いお子さんや、相手の気持ちを読み取ることに苦手さのあるお子さんは、
この力を育てていくことが大切です。

## 感情理解ってなに？

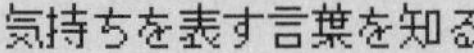

### 気持ちを表す言葉を知る

自分の気持ちをうまく相手に伝えたり、相手の気持ちを推し量ったりするためには、気持ちと、気持ちを表す言葉をセットで理解している必要があります。『悔しいってどんな気持ち？』『緊張するってどんな気持ち？』など、言葉の知識としてだけではなく、自分や相手がどんな状態になるのかということをわかっていることが大切です。

### 相手の気持ちを推し量る

相手の気持ちを推し量るためには、相手の表情や声のトーンに注目したり、周りの状況や前後の文脈を踏まえて判断したりと、多くの力を必要とします。相手の気持ちに合わせて自分の態度や言い回しなどを変えていくことで、スムーズなコミュニケーションをとることができます。

## 感情のコントロールってなに？

### 自分の気持ちに気づく

自分の感情を上手にコントロールするためには、今の自分がどのような気持ちになっていて、その気持ちは誰に向かっているもので、気持ちの強さはどの程度なのか、ということに気づくことが必要です。それらに気づいて初めて、上手にコントロールする方法を考えることができます。

### 自分の気持ちに折り合いをつける

自分の感情を上手にコントロールするためには、自分の気持ちに折り合いをつけることも必要です。「悔しいけれど、今は言わないでおこう」「怒りで爆発しそうだから落ち着こう」という、気持ちに折り合いをつけるスキルは、集団生活をより良いものにしたり、友人関係を維持したりする上でも大切な力です。

## 『感情の理解・コントロール』に苦手さがあることで困ること、理由と対応

### 勝敗のあるゲームが苦手

たとえば

ゲームや競争で負けた時に、激しく泣いたり怒ったりして、次の活動に進めない。

どうして

自分の感情を表現したり、感情をコントロールしたりすることに苦手さがあるために起こっている可能性が考えられます。『負けて悔しい』という気持ちはとても大切ですが、そこから気持ちを切り替えられないことは、お子さんにとっても苦しいことなのです。

こうしよう

「負けたくない！」という気持ちは大切にしながら、負けた時にどうやって気持ちを切り替えるのかを、事前に決めておきましょう。その時は、やんちゃワークの『気持ちのコップ』を使ってみてください。また、「ゲームに負けて悔しかったんだよね」などと、代わりに言葉で表現して聞かせる関わりも大切です。

### 癇癪やパニックを起こしやすい

たとえば

自分の思いが通らなかった時に、激しく泣いたり怒ったりする。

どうして

自分の感情を表現したり、感情をコントロールしたりすることに苦手さがあるために起こっている可能性が考えられます。自分の意見や不安な気持ちを言葉で表現しきれず、激しく泣いたり怒ったりすることがあるのです。

こうしよう

1『癇癪を予防するための関わり』、2『癇癪が起きた時の関わり』、3『感情のコントロールを育てる関わり』の3つに分けて対応を考えましょう。癇癪やパニックを起こしやすいお子さんは、泣いたり怒ったりすることで「いやだ！」という思いを表現しています。自分の思いを言葉で表現することができるようになると、「いやだ！」の伝え方も変わってくるでしょう。

### 落ち着くことが難しい

たとえば

楽しい場面で興奮しすぎてしまい、大声を出したり友だちに強く抱きついたりする。

どうして

感情をコントロールすることが苦手なために起こっている可能性が考えられます。楽しい時に興奮しすぎてしまう場合は、自分の気持ちや状態に気づくことや、『落ち着いているとはどういうことか』を理解できていない可能性があります。

こうしよう

落ち着いている身体の状態を理解していなければ、「落ち着いて」と言われても落ち着くことは難しいものです。例えば、お子さんがリラックスしている時に「今落ち着いているね」と声をかけるのも良いでしょう。また、「力が抜けている」「ゆっくりと息をしている」など、具体的な『落ち着いている状態』を伝える方法も効果的です。

### 人の気持ちがわからない

たとえば

相手がなぜ泣いているのかわからない。「悔しい！」と言っている意味がわからない。

どうして

人への関心の薄さやイメージの苦手さなどの影響も考えられますが、自分の気持ちへの気づきが薄いことから、相手の気持ちにも気づきにくくなっている可能性が考えられます。この場合、『楽しい・嫌だ』程度の違いには気づいていても、さらに細かい違いにまでは気づいていないことも多いのです。自分で感じたことのない気持ちを相手の態度からくみ取ることは難しいでしょう。

こうしよう

様々な気持ちの言葉があることを知り、自分の感情と一致させていくことが大切です。お子さんが泣いている時に「悔しかったよね」と声をかけるなど、その時の気持ちと言葉を一致させる関わりをしていきましょう。

## 急にキレる

### たとえば

制作をしている時にうまくいかず、急に「あー！」と大声を出して、物を床に投げつける。

### どうして

自分の気持ちの変化に気づくことに苦手さがあるために起こっている可能性が考えられます。お子さんが急にキレる場合、「ちょっとモヤモヤする」「だんだん焦ってきた」など、少しずつ変化していく自分の気持ちに気づかず、怒り度がMAXになる前に対処することができなかったために、急に激しく怒っているのかもしれません。

### こうしよう

お子さんに対して「うまくできなくてドキドキするね」「間違えちゃったから不安だよね」などと声をかけ、気持ちの微妙な変化に気づきやすくすることが大切です。また、怒り度を数値で表したり、怒り度に合わせて対処法を考えておいたりするのも良いでしょう。

## 手が出やすい

### たとえば

思いが通らないと、手が出たり暴言を吐いたりする。

### どうして

感情をコントロールすることに苦手さがあるために起こっている可能性が考えられます。そのほか、言葉で説明することの苦手さ、問題解決方法をイメージすることの苦手さなど、様々な背景が考えられます。

### こうしよう

「〇〇が嫌だったんだよね」とお子さんの気持ちを言葉にして伝え、「そういう時は〇〇と言えば大丈夫だよ」と、望ましい行動やセリフを伝えるようにしましょう。また、具体的な場面を想定し、事前に対処方法を話し合っておくのも良いでしょう。どうしても気持ちが落ち着かない時には、その場を離れたり、部屋を移動したりして、気持ちのクールダウンを優先することも大切です。落ち着いてきた頃に、上記の対応を試してみましょう。

## 人の気持ちに共感できない

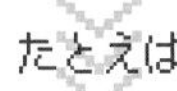

### たとえば

『喜んでいる人を見るとうれしい気持ちになる』など、気持ちに共感することが難しい。

### どうして

社会性やイメージする力、感情理解など、とても多くの力が関わっています。「そっけない」「薄情だ」などと言われてしまうこともあるかもしれませんが、練習や努力をすれば良いわけではないこともあり、注意が必要です。

### こうしよう

そもそも、人の気持ちに共感することが難しいお子さんもいます。この場合、『共感できるようになること』を目標にしてもなかなかうまくいかず、失敗ばかりを経験してしまいかねません。『相手が喜んでいたら、「良かったね」と伝える』など、相手の気持ちに沿って行動することを目標にしても良いでしょう。全体的な発達にともなって伸びていく力でもあるため、本人の成長に合わせて目標を決めましょう。

# いろんな顔を描こう

感情を表す言葉に合わせて、人の表情を描き分けるプリントです。このプリントに取り組むことを通して、『感情の違いによって目や口の形が変わること』や、『同じ驚きでも、うれしい時と悲しい時では表情が異なること』などを学んでいきましょう。

**POINT 1**
男の子と女の子の2種類を選べるようにしました！

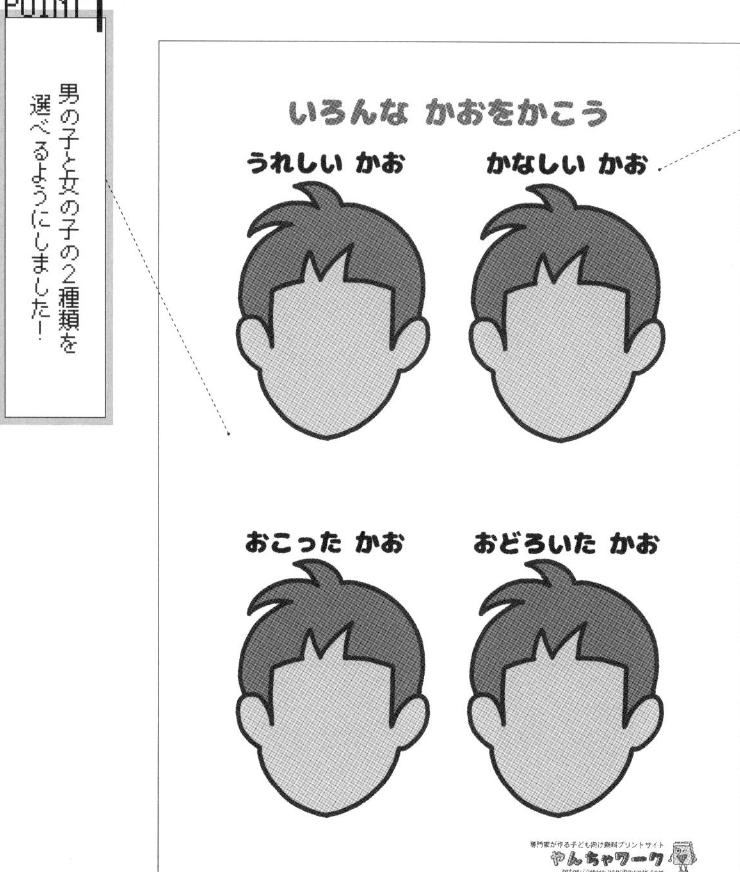


**POINT 2**
違いがわかりやすい4つの感情を取り上げました！

ダウンロードはこちら ▶ https://yanchawork.com/face/

1. 「うれしい顔ってどんな顔？」と質問し、実際に『うれしい顔』をしてもらってから取り組みましょう。

2. 「どんな時にうれしい顔になる？」と質問するなど、具体的な状況をイメージしながら取り組むのも良いでしょう。

## こんな時の関わり方

### 表情を思い浮かべにくい時は、こんな風に工夫をしましょう

お子さんに表情を作ってもらい、鏡で見せる

大人が表情を作って見せる

表情のお手本をカードなどで示し、描き写してもらう

やんちゃワークのサイトでは、様々な気持ちをカードで表したお助け教材『気持ちのカード』を掲載しています。お子さんの様子に合わせてご活用ください。

### 『描くこと』が苦手でうまくいかない時は、こんな風に工夫をしましょう

口や目のシールを貼ってもらう

細かい作業を減らすため、大きい紙に拡大印刷をして取り組む

お子さんの表情を見ながら大人がマーカーで描き、なぞってもらう

心理士の知恵袋

### 表情クイズにしちゃおう！

大人が表情を作ったりイラストを描いたりして、「これはどんな気持ちの顔でしょう？」とクイズを出しましょう。

# こんな時どんな気持ち？

問題文に書かれた状況をイメージして、「こんな時、自分ならどんな気持ちになるか？」を考えるプリントです。感情のコントロールが苦手なお子さんの場合、自分の気持ちを理解することが、コントロールの第一歩になります。そのほか、今後起こるかもしれない状況に対して、自分の気持ちがどう動くのかをイメージし、その対処方法を事前に考えておくことにも活用できます。

**POINT 1**

答えの誘導にならないようにイラストの表情をわかりにくくしました！

**POINT 2**

人と関わる場面を取り上げた問題も多く用意してあります！

**こんなとき どんなきもち？** あなたのきもちに○(まる)をつけよう。

① なわとびが百(ひゃっ)かいとべた。こんな時(とき)どんなきもち？

- うれしいきもち
- かなしいきもち
- たのしいきもち
- イライラしたきもち

② あさおきたらゆきがつもっていた。こんな時(とき)どんなきもち？

- うれしいきもち
- イライラしたきもち
- たのしいきもち
- さみしいきもち

ダウンロードはこちら ▶ https://yanchawork.com/donna_kimochi/

**TIPS 使い方のコツ**

1. 「何個でも丸をつけて良いよ」と伝え、複数の気持ちが重なることがあることを学びましょう。

2. 「どうしてその答えにしたの？」と質問し、お子さんに理由を説明してもらいましょう。

## こんな時の関わり方

### 「わからない」と言った時は、その理由を探りましょう

**問題が「わからない」**

イラストを付け加え、イメージを補う

**気持ちの言葉が「わからない」**

それぞれの気持ちや表情をイラストで表現し、イメージを補う

**どんな気持ちになるか「わからない」**

状況を詳しく説明したり、実際に活動をしてみたりして気持ちを確認する

### 「前にこんなことがあった」とお子さんが気づいた時は、「どうしたら良いか？」を考えるチャンスです

お子さんによっては、「いつもこういう時に怒っちゃう」という振り返りにつながることもあります。その時は、「そうだね、そういう時はどうしたら良いんだろう」と聞いて、対処法を話し合いましょう。

### 気持ちの順番や大きさを聞こう！

複数の選択肢に丸をつけたお子さんには、気持ちの順番や大きさの程度を聞いてみましょう。お子さんによっては、「最初は寂しい気持ちで、次にイライラ」と話してくれることがあります。コラム5(P.76)でもあるように、『心配が続くとイライラにつながりやすい』など、お子さんの特徴を知るためのツールにもなります。

# 気持ちのコップ

『怒った気持ち』のレベルをコップに溜まる水で表現することで、自分の気持ちの動きに気づきやすくするプリントです。感情のコントロールが苦手な場合、『今のイライラ度がどれくらいなのかに気づく』ことや、『イライラ度に応じた対処法を事前に決めておくこと』が大切です。

**POINT 1**
感情のレベルがわかりやすいイラストにしました！

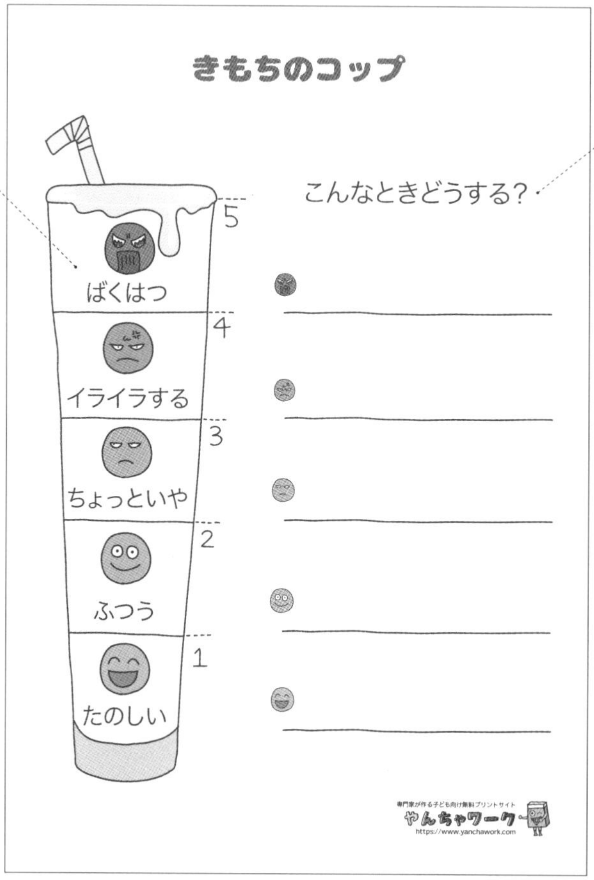

**POINT 2**
事前に話し合ったことを残しておけるようなプリントにしました！

きもちのコップ

5 ばくはつ
4 イライラする
3 ちょっといや
2 ふつう
1 たのしい

こんなときどうする？

専門家が作る子ども向け無料プリントサイト
やんちゃワーク
https://www.yanchawork.com

ダウンロードはこちら ▶ https://yanchawork.com/kimochi_cup/

1 「ちょっと嫌な時ってどんな時？」などとお子さんに確認をしながら、日常生活に沿った対応を考えましょう。

2 「イライラした気持ちって、少しずつ溜まっていって、最後は爆発しちゃうものなんだ。爆発する前に落ち着く方法が決まっていると安心だよね」と伝え、前向きに取り組めるようにしましょう。

## こんな時の関わり方

クッション を叩く

違う部屋に移動する

大人に助けを求める

枕に向かって叫ぶ

対処法が思いつかない時は、
こんな風に選択肢を示しましょう

手をぎゅっと握る

冷たい水を飲む

深呼吸する

10かぞえる

**注意**
ここに載っているものは例です。お子さんの生活や家庭環境に合わせて、取り組みやすい選択肢を示しましょう。

### 対処法をうまく実践できなかった時は、こんな風に声をかけましょう

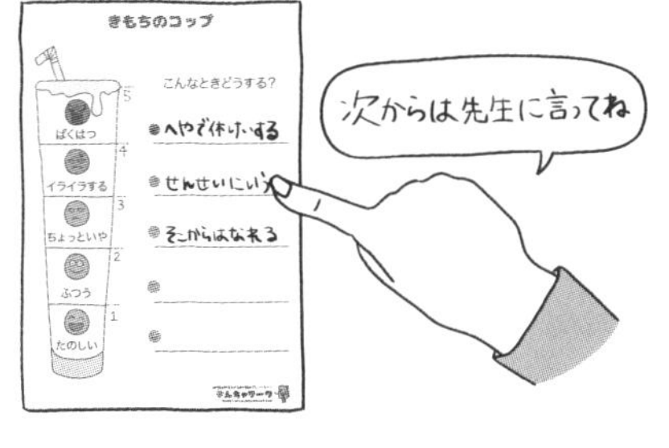


せっかく決めた対処法も、すぐに実践できるとは限りません。特に、気持ちがたかぶっている時は、決めたことを冷静に思い出すことは難しいものです。気持ちが落ち着いてから一緒にプリントを確認し、「イライラしたから、物を投げてしまったんだよね。次からは、〇〇ができると良いね」と、穏やかに伝えましょう。積み重ねが大切です。

# 社会性・コミュニケーション

人とスムーズにコミュニケーションを取ったり、人からの指示に従って行動したり、
人と気持ちを共有したり、ルールを守ったりすることに関わる力です。
『空気を読む力』などと表現した方が、身近に感じるかもしれません。
『社会性』という言葉がさす範囲はとても広く曖昧であるため、やんちゃワークでは、
イメージがしやすいように、『社会性・コミュニケーション』という言葉を使っています。

## 社会性・コミュニケーションってなに？

### 相手に合わせて振る舞う

相手の表情や話の内容・文脈、その時の状況などを読み取りながら、相手にとって心地の良い振る舞いをすることです。人と良い関係を築くためには、相手に合わせて振る舞うことが必要な時もあるでしょう。ただし、相手を傷つけないように自分の意見を主張するなど、関係性を築く・維持するためのスキルには多くの種類があります。相手に合わせて振る舞うだけでなく、その場の状況に応じて切り替えていくことも大切です。

### ルールを理解し、守る

一般的なマナーや、法律で制限されることなどを理解することは、日常生活や集団生活を過ごしていくために大切なことです。この時、『なぜこのようなルールが決まっているのか』という理由・背景まで理解を深めることで、似たような状況でも自分から適切に振る舞うことができたり、目に見えない『暗黙の了解』などもくみ取って行動したりすることができるようになります。

### 適切な話し方をする

『目上の人には敬語を使う』など、相手の立場やその時の状況に合わせて、言葉遣いや話す内容に気を遣ったり、声量などを調節したりする力です。『初めて会った人には敬語を使う』など、ルールとして理解し、振る舞うこともあるでしょう。人とスムーズにコミュニケーションを取りながら良い関係性を築くためには、その場の状況に合わせた話し方をする力が大切です。

### 言葉ではないコミュニケーションを取る

言葉はあくまでも、人がコミュニケーションを取るための手段の1つにすぎません。言葉のほかにも、アイコンタクト、うなずき、ジェスチャー、表情など、言葉ではないコミュニケーションの手段を使いこなすことも非常に大切なのです。言葉以外のコミュニケーション方法を身に付けていくことで、よりスムーズなコミュニケーションを取ることができます。

# 『社会性・コミュニケーション』に苦手さがあることで困ること、理由と対応

## 声量の調整が難しい

### たとえば

病院の待合室で大声を出す。話す時の声が小さすぎる。

### どうして

その場の状況に合わせた、適切な話し方をすることに苦手さがあるために起こっている可能性が考えられます。適切な声量をその場で判断し、自分自身で声量を調節するスキルは、人とコミュニケーションを取る上で非常に大切です。

### こうしよう

「静かにして」と注意をするだけでなく、「小さい声で話そうね」と実際に小声で伝えるなど、具体的に伝えることが大切です。「電車の中では小さい声でね」などと、マナーと合わせて伝えることも良いでしょう。声量の調整自体に苦手さがある場合は、やんちゃワークの『声の大きさ』のプリントを通して、声量を見える形で示しながら、コントロールの方法を学んでいきましょう。

## 協調性がない

### たとえば

みんなで協力して取り組む課題であっても、自分のやりたいことだけに取り組む。

### どうして

相手に合わせて振る舞うことに苦手さがあるために起こっている可能性が考えられます。本人にその気はなくても、「協調性がない子」と思われ、『自分勝手』や『マイペース』などと解釈されてしまうことがあります。すべてを相手に合わせる必要はありませんが、適度に相手のことも気にしつつ、自分のペースで課題を進めていくスキルも大切です。

### こうしよう

一人ひとりの役割分担を明確にしたり、課題を達成できた時のメリットを確認しておいたりして、協力して達成した時の喜びを経験できると良いでしょう。人と関わることの楽しさや大切さを知っていくことが大切です。

## 自分本位な話し方をしてしまう

### たとえば

相手のあいづちを待たずに自分の話ばかりする。

### どうして

相手に合わせて振る舞うことに苦手さがあるために起こっている可能性が考えられます。コミュニケーションを取るためには、相手の表情や仕草から気持ちを推測し、「もう少し説明した方が良さそうだ」などと、適度に自分の話し方を振り返ったり、修正したりする必要があります。相手の気持ちをくみ取ることに苦手さがあると、本人にその気がなくても、「自分の話ばかりする子」ととらえられてしまうことがあります。

### こうしよう

相手の表情や仕草から気持ちをくみ取る練習をしたり、そもそも、自分の行動によって相手の気持ちが動くこと自体を学んだりすると良いでしょう。『話す人・聞く人』に分かれてやり取りの練習をすることも効果的です。

## ルールを守れない

### たとえば

立ち入り禁止の場所に入る。

### どうして

ルールを理解し、守る力に苦手さがあるために起こっている可能性が考えられます。ルールを守れない理由は人によって様々で、「自分はこうしたい」という思いが優先されてしまう、ルールを守る意味がわからない、ルールはわかっていても実践することが難しいなど、たくさんの理由が考えられます。

### こうしよう

理由によって、対応は変わります。まずは、お子さんがなぜルールを守れないのかを十分に探りましょう。時には大人が一緒に取り組んだり、ルール通りに取り組む楽しさを実際に見せたりしながら、理解を深めていくことが大切です。ルールを守る力は、お子さんが自分自身を守るためにも大切なスキルです。

## 『話を聞いていない』と思われる

たとえば

話を聞いていても、「聞いてる?」と言われてしまう。

どうして

言葉ではないコミュニケーションを取ることに苦手さがあるために起こっている可能性が考えられます。人の話を聞く時は、アイコンタクトやうなずきといった、言葉以外のコミュニケーションを取ることで、『話を聞いていますよ』というメッセージを相手に送ることが必要なのです。

こうしよう

相手と視線を合わせることが苦手な場合は、無理に合わせる必要はありません。ただし、その場合であっても、ほかに視線を向けるべき位置や、そのほかのコミュニケーションの方法(うなずき、あいづちなど)を学んでいけると良いでしょう。どのような方法があるのかを知っていることが大切です。

## 集団に入れない

たとえば

集団に入ることができず、ひとりでいることが多い。

どうして

相手に合わせた話し方をしたり、言葉以外のコミュニケーションを取ったりすることに苦手さがあるために起こっている可能性が考えられます。もちろん、ひとりで過ごすことが好きなお子さんもいるため、友だちと過ごすことを強制する必要はありません。ただし、人と関わる中で育つ力が多いことも事実であり、無理なく人と関わる方法を探っていくことも非常に大切なのです。

こうしよう

安心して関われる人との間で、誰かに話しかける時のセリフを練習したり、大人がサポートをしながら、誰かと上手にやり取りをしたりする経験を積み重ねていきましょう。うなずきやあいづちのタイミングを学ぶのも良いでしょう。

## 途中から話に参加することができない

たとえば

クラスメイトが楽しそうな話をしていても、話の輪にうまく入ることができず、諦めてしまう。

どうして

適切な話し方をすることや、相手に合わせて振る舞うことに苦手さがあるために起こっている可能性が考えられます。話の輪に参加するためには、話の内容や流れをくみ取り、タイミングを見計らいながら、ちょうど良い言葉を選ぶ力が必要なのです。

こうしよう

話の輪に入ることができない場合、どこに苦手さがあるのかを十分に探りましょう。実際の状況に合わせて、話に入る時のセリフ(例「何話してるの?」「楽しそう、入れて」など)を事前に学んだり、タイミングを伝えたりすることができると良いでしょう。

## 人と関わると疲れる

たとえば

人と関わると、疲れてストレスが溜まる。

どうして

人の気持ちや状況を読もうとしすぎてしまうことから起こっている可能性が考えられます。相手に合わせて振る舞うことは大切なスキルですが、自分自身のキャパシティーを超えてしまうと、かえって疲れてしまい、人と関わることが苦痛なことになってしまいます。

こうしよう

無理なく人と関わることができるように、表情を読むポイントを学んでいけると良いでしょう。また、最近はSNS疲れを起こしているお子さんも多くいます。『すぐに返信をしなければいけない』と思い込んでいる場合もありますので、その時は、返信が遅れる時に相手に伝えるセリフなどを具体的に教えていけると良いでしょう。

# どうしてだと思う？

社会のルールやマナーに対し、「なぜそのようなルールやマナーが存在するのか？」を考えるプリントです。知識としてルールやマナーを知っていても、理由をイメージすることができなければ、似たような場面で応用することはできません。このプリントを使って、ルールやマナーの理由を学んでいきましょう。

POINT1
日常生活で起こりやすい状況を題材にしています！

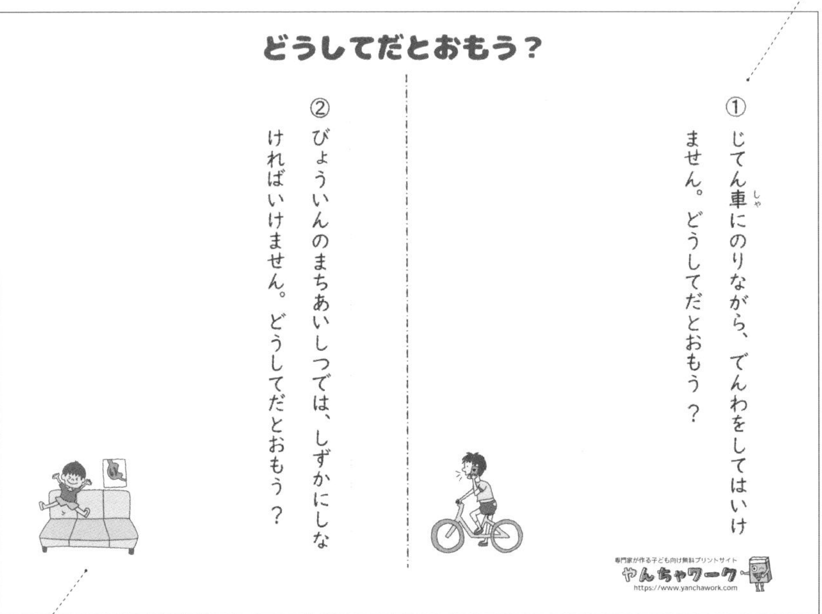
どうしてだとおもう？

① じてん車にのりながら、でんわをしてはいけません。どうしてだとおもう？

② びょういんのまちあいしつでは、しずかにしなければいけません。どうしてだとおもう？



ダウンロードはこちら ▶ https://yanchawork.com/doushite/

POINT2
イメージがしやすいようにイラストを入れました！

1 お子さんに問題を読んでもらってから取り組みましょう。

2 お子さんが答えを書いたら、「どうしてこう思ったの？」と質問し、答えに行き着いた過程を説明してもらいましょう。

## こんな時の関わり方

### 答えが思い浮かばない時は、こんな関わりをしましょう

- 大人が2つの答えを書いて、選んでもらう
- 「病院でうるさくすると、周りの人はどんな気持ちになる?」などと、周囲の人の気持ちを聞く
- 「電話をしながら自転車に乗っていたら、話に夢中になっちゃうよね」などと、状況を詳しく説明する

### 少しズレた答えを書いた時は、2つの答えを伝え、選んでもらいましょう

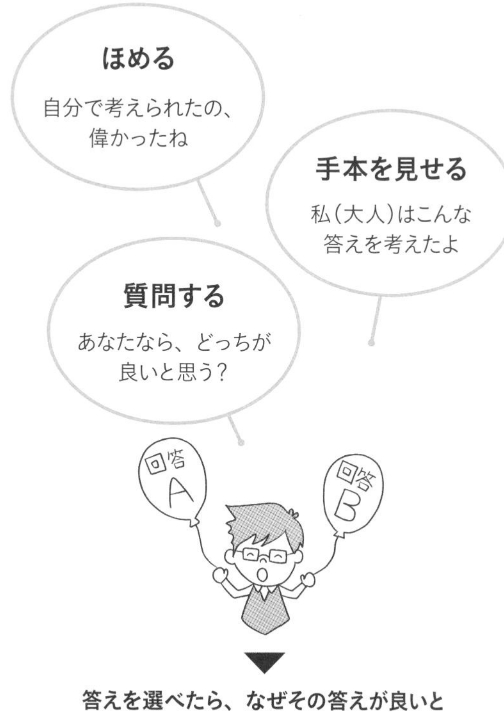


答えを選べたら、なぜその答えが良いと思ったのかを聞いてみましょう

### 『答えを書く』ことを嫌がる時は、こんな風に工夫をしましょう

- 答えを言ってもらって、大人が代わりに書く
- タブレットやパソコンで答えを打ってもらう
- 口頭で答えるだけで良しとする

書くことが苦手な場合、『答えを書く』ことにこだわりすぎず、上記のような方法を取り入れてみることも大切です

# うれしい言葉・傷つく言葉

言われてうれしい言葉と傷つく言葉を想像し、学習するプリントです。言葉が書かれているカードを1枚選んで、どちらの言葉に該当するかを当ててもらいます。普段何気なく使ったり聞いたりする言葉が、相手にどのような印象を与えるのかを話し合いながら取り組みましょう。

**POINT1**
男の子と女の子のプリントを用意しました！

**POINT2**
自分で言葉を考えて枠に書いてもらうこともできます！

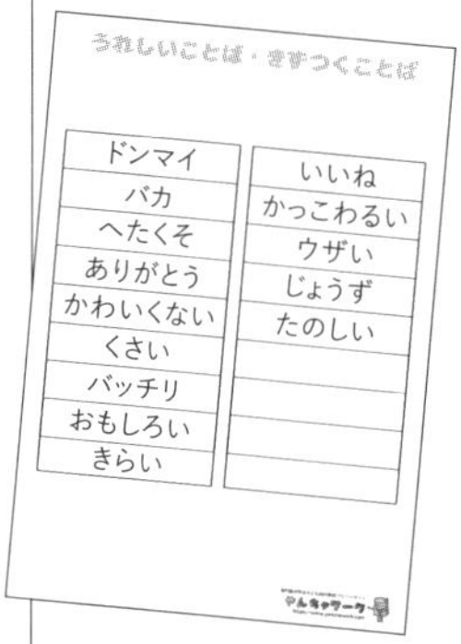

うれしいことば・きずつくことば

うれしいことば

きずつくことば

専門家が作る子ども向け無料プリントサイト
やんちゃワーク
https://www.yanchawork.com

うれしいことば・きずつくことば

| ドンマイ | いいね |
|---|---|
| バカ | かっこわるい |
| へたくそ | ウザい |
| ありがとう | じょうず |
| かわいくない | たのしい |
| くさい | |
| バッチリ | |
| おもしろい | |
| きらい | |

ダウンロードはこちら ▶ https://yanchawork.com/kotoba/

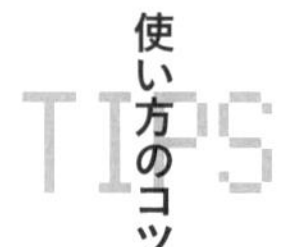


**使い方のコツ**

1 「この言葉、聞いたことある？ どんな時に聞く言葉かな？」と質問することで、状況をイメージしやすくしましょう。

2 「うれしい言葉は、ほかにどんな言葉がある？」と聞いて、枠に書いてもらいましょう。大人があらかじめ用意しても良いでしょう。

## こんな時の関わり方

### 「わからない」と言った時は、その理由を探りましょう

**言葉の意味が「わからない」**

「例えば、ゲームで負けた人に向かって『ドンマイ』という言葉を使うよ。気にしなくて大丈夫、次頑張ろう！という意味だよ」などと、場面や状況と合わせて具体的に伝えましょう

**やり方が「わからない」**

一度大人がお手本を見せてみましょう

### 言葉の意味がわかっても分類が難しい時は、こんな風に声をかけましょう

例えば、一生懸命練習したけど本番でミスをした時に、「へたくそ」って言われたら、うれしいかな？ 悲しいかな？ 私（大人）なら、「頑張ったのに…」って悲しい気持ちになって傷ついてしまうな。

**場面や状況と合わせて、具体的に伝えましょう。相手がどんな気持ちになるのか、それは『うれしいのか、傷つくのか』も伝えましょう**

心理士の
## 知恵袋

### 実践してみよう！

プリントで学んだ言葉を言う役と言われる役に分かれて、実践してみましょう。実際に言ったり言われたりすることで、どんな気持ちになるのかを体験します。また、『どんな言葉に置き換えれば相手を傷つけずに済むか』も考えてみると良いでしょう。

# こんな時どうやって断る？

問題文に書かれた状況を頭の中でイメージして、「どうやって断ったら良いか？」を考えるプリントです。『断る』という力は、人と良い関係を保つためにも、時には自分の身を守るためにも、非常に大切な力です。しかし、断り方によっては相手や自分を傷つけてしまう場合もあります。このプリントを通して、『相手の気持ちに配慮しつつ、自分の意見はしっかりと伝えられる表現』を学んでいきましょう。

POINT1

『断らないと自分が損をしてしまうかもしれない場面』を多く取り上げました！

こんな時、どうやって断る？

①
「お金をかして」といわれた。どうやってことわる？

②
「このおもちゃ、きみがこわしたことにして」といわれた。どうやってことわる？



ダウンロードはこちら ▶ https://yanchawork.com/kotowaru/

POINT2

イラストをつけることで状況をイメージしやすくしました！

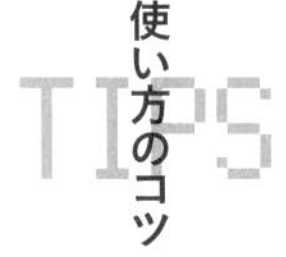

使い方のコツ

1 時には、相手からの誘いを断ることも必要であることを伝えましょう。「どのように断れば、お互いにモヤモヤしないのか？」という視点を持つことを伝えていくことが大切です。

2 「いろんな答えがあって良いから、いろいろ考えてみてね」と伝え、様々な考え方があることを学びましょう。

## こんな時の関わり方

### 上手な断り方が思い浮かばない時は、こんな風に関わりましょう

**断り方を考えるヒントを伝える**

「こういう時、どんな気持ちになるかな？」
「こうやって断られたら、相手はどう思うかな？」
などと質問し、気持ちの動きに注目できるようにしましょう

**断り方のパターンを伝える**

「〇〇だから△△できないんだ、ごめんね」
「誘ってくれてうれしいよ、でも今日は〇〇だから遊べないんだ」
などのパターンを紙に書き、空欄を言葉で埋めていきましょう

**大人が答えを伝える**

大人が答えを2つ伝え、どちらが良いか選んでもらいましょう

### 実践してみよう！

プリントで出てきた場面を想定して、実際に断ることができるかどうか実践してみましょう。お互いにどんな気持ちになったかを話し合ってみても良いでしょう。

# 数に関する力

物の数をかぞえたり、順番通りに並べたり、人数分にわけたり、計算したりする力です。
ここでは、数に関する力を4つに分けて説明します。ただし、それぞれの力は単独で身に付くわけではなく、様々な力と影響を及ぼし合いながら育っていくものです。やんちゃワークのサイトでは、それぞれの力に合わせたプリントを掲載していますので、お子さんの状況に合わせて選んでいただけたらと思います。

# 数に関する力ってなに？

## 順番を表す（序数性）

「数には順番を表す役割がある」ということを理解する力です。物を1つずつかぞえたり、数字を順番に並べたりする時に必要になるものです。たし算やひき算を初めて学ぶ時に指折りかぞえて答えを探したり、出席番号順に整列したりする時にも大切になる力です。

## 量を表す（基数性）

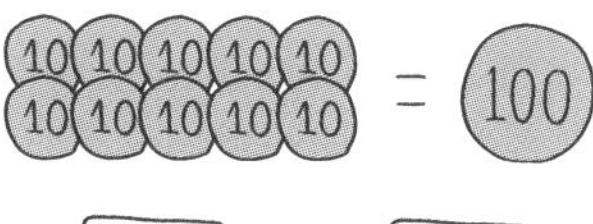


「数には量を表す役割がある」ということを理解する力です。「10が10 個で 100 になる」などと数のまとまりを意識したり、数の大小を直感的に理解したりする時に必要になるものです。かけ算・わり算や数直線の読み取り、時間の計算にも関わる力です。

## 数の変換

「2（数字）」と「に（音）」が同じことを表していることの理解や、「2（数字）」とは、物の数で表すと「●●（量）」であるということの理解など、数字と音と量が同じものを表していることを理解することを指します。「5歳（音）」と言いながら指で「3（量）」を出している場合は、この力が十分に育っていない可能性があります。

## 計算

たし算、ひき算、かけ算、わり算など、基本的な計算のスキルのことです。序数性や基数性が正しく身に付いていることが求められるほか、計算をする時のルールを理解していることが大切です。同じ計算をする場合でも、暗算なのか筆算なのかによって、必要な力が変わってくることがあります。くり上がりやくり下がりの計算についても、正しくルールを理解していることが大切です。

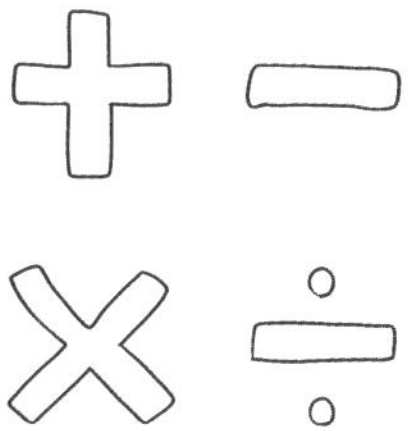

## 『数に関する力』に苦手さがあることで困ること、理由と対応

### 「◯個取って」ができない

**たとえば**

「3個取って」と言われても、4個持ってくる。

**どうして**

聞いたことを覚える力の苦手さ以外では、数の変換に苦手さがあるために起こっている可能性が考えられます。1から10まで言うことはできるのに、「3個取って」と言われても間違えてしまうお子さんの場合は、「さん（音）」と「●●●（量）」が同じことを表していることを理解できていない可能性があります。

**こうしよう**

おもちゃやお菓子を使って、くり返し大人と一緒に数をかぞえ、「さん（音）」と「●●●（量）」が同じであることの理解を育てていきましょう。かぞえた物を見せながら、「全部で3個になったね」と改めて声をかけることで、理解が深まっていくでしょう。慣れてきたら、別の物でも「3個取って」ができるかどうか確認しましょう。

### 指を使って計算をする

**たとえば**

頭の中で計算することが難しく、指を使う。

**どうして**

頭の中で数をイメージして計算することに苦手さがあるために起こっている可能性が考えられます。例えば、「5+3」を計算する時に、5に対応する量や「3つ増える」ことをイメージすることができず、目に見える指を使って計算をしているのです。

**こうしよう**

この場合、「指は使わないで」と声をかけることは効果的ではありません。計算では引き続き指を使うようにし、同時に、数字を丸の数で表現するなどの練習を積み重ねていくことが大切です。また、数字が順番に書かれた表などを見て計算しながら、「増える」「減る」という感覚を身に付けていくのも良いでしょう。

### 同じ数ずつ分けることが苦手

**たとえば**

たくさんのお菓子を何人かで分ける時、「ひとり分が何個か」をすぐ理解することができない。

**どうして**

数を量として理解すること（基数性）や、思い浮かべた数だけ物を動かすことが苦手であるために起こっている可能性が考えられます。配る物がたくさんある場合は、ある程度のまとまりに分けて配った方が効率的です。

**こうしよう**

数をまとまりとしてとらえる力は、かけ算やわり算を学んだり、分数の仕組みを理解したりする上で大切です。生活の中で物を配る時には、「3個ずつだよ」などと配る数を教えておいたり、ひとり分の数を分けた手本を用意しておいたりすると良いでしょう。分けた物を透明な袋に入れたり、テープでひとくくりにしたりすると、数のまとまりがさらにわかりやすくなるでしょう。

### 時間の計算ができない

**たとえば**

「あと5分で支度して」と伝えても、急ぐ気配がない。

**どうして**

数を量として理解すること（基数性）に苦手さがあるために起こっている可能性が考えられます。「10分とは、だいたいこのくらいの長さである」ということが理解できていないと、残り時間に合わせて準備をすることは難しいでしょう。

**こうしよう**

タイマーや砂時計を使い、残り時間を目で見える形にすることで、だいたいの時間の感覚をつかんでいきましょう。初めのうちは、「あと5分だよ」「あと1分だよ」などと、何段階かで予告をしていくことも大切です。ただし、達成できるかが微妙な目標を立ててしまうとうまくいかないことが多いため、最初は少し時間に余裕を持って目標を決め、達成感につなげていくと良いでしょう。

## 数字の読み書きができない

たとえば

「12(じゅうに)」を「いちに」と読んでしまう、あるいは、「102(じゅう、に)」と書いてしまう。「1,234」を「いちにさんよん」と読んでしまう。

どうして

数の変換や数の順序を理解していないために起こっている可能性が考えられます。また、数が大きいケタの場合は、位が表す意味やルール(例:3ケタ目は百の位であり、「〇〇ひゃく」と読む)を理解していないことが影響している可能性もあります。

こうしよう

数字と読み方が一緒に書かれているカードを並べるなどして、数字と読み方を一致させたり、数の順序を学んだりしていきましょう。

## 文章題が苦手

たとえば

単純計算は問題なくできるけれど、算数の文章題が苦手。

どうして

『算数』の文章題であるため、数に関する力の苦手さと思われがちですが、文章の文脈を理解したり、文章から式をイメージしたりする力に苦手さがあるために起こっている可能性が考えられます。

こうしよう

文章題の内容を簡単なイラストで表現したり、注目すべきキーワードに印をつけたりしながら、問題の意味や言葉と符号の関係性(例:「合わせて」は「+」)を整理できると良いでしょう。また、本書の『イメージする力』の中にある『問題解決力』や『文脈理解』の説明も、あわせてご参照ください。

## だいたいの数がわからない

たとえば

「部屋の隅から隅まで何mくらいかな?」と聞いた時に、「1,000m!」と見当違いな数字を言う。

どうして

数を量で表すこと(基数性)に苦手さがあるために起こっている可能性が考えられます。この力に苦手さがあると、数直線の問題やわり算の筆算で『だいたいの答え』をイメージすることに難しさが出てくる可能性があります。

こうしよう

「何歩くらいでいけるかな?」「〇〇くん何人分かな?」などと具体的に質問したり、実際に何歩で行けたかを確認したりすることで、『およその数』の理解を深めていくと良いでしょう。やんちゃワークのサイトにある、『どれくらいの長さかな?』のプリントを通して、力を育てていくのも良いでしょう。

## 九九が覚えられない

たとえば

何度練習をしても、九九が覚えられない。

どうして

聞いて覚えることや、1つずつ順を追って何かに取り組むことが苦手なために起こっている可能性が考えられます。現状、日本の教育現場では、九九を覚える時に、1×1=1(いんいちがいち)、1×2=2(いんにがに)と、1つずつ順番に唱えながら覚えさせることが多くあります。しかし、聞いて(唱えて)覚えることや、順序立てて何かに取り組むことが苦手なお子さんにとっては、とても覚えづらい方法なのです。

こうしよう

かるたや九九表を使うなど、一目で見える形で覚える方法を試してみましょう。九九のルールや仕組み(例:5の段であれば、答えは5ずつ増えていく)を目で見て確認することで、覚えやすくなる場合があります。

# 全部でいくつ？

たし算の文章題に取り組むプリントです。文章を読んで答えを考えるだけでなく、イラストを見てかぞえることもできるようにしています。わかりやすい内容の問題が多く、文章も簡単な表現で書いてあるため、たし算の勉強の導入としても使えるプリントです。

POINT1
イラストを隠して出題することもできるように点線をつけました！

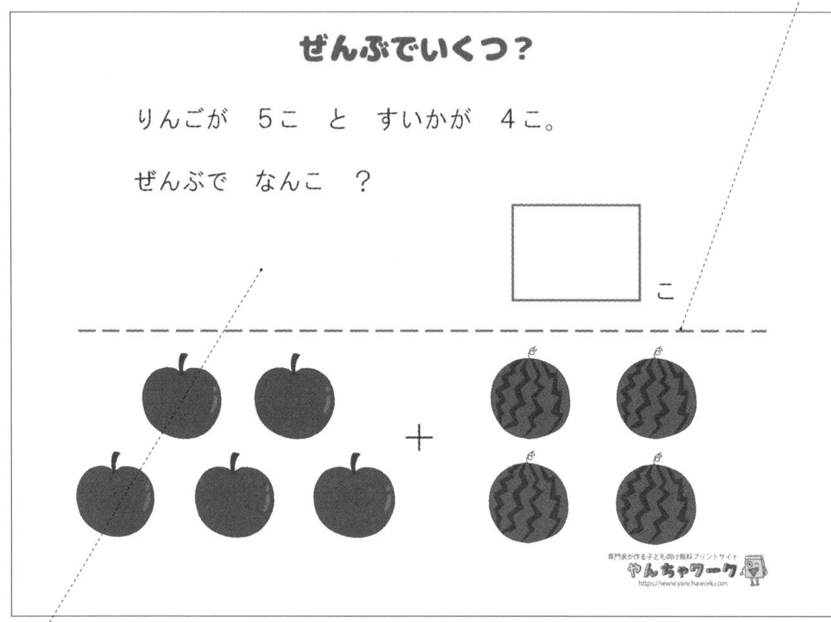


ダウンロードはこちら ▶ https://yanchawork.com/zenbude_ikutsu/

式を書くことができるスペースを用意しました！

使い方のコツ

1. ひらがなや数字が読めるかどうか、事前に確認しましょう。難しい場合は、大人が問題を読み上げましょう。
2. 文章を読むだけではイメージがしにくい時は、イラストを見せて一緒にかぞえましょう。

## こんな時の関わり方

### 「たしたら何個になるのか？」がわからない時は、こんな風に工夫をしましょう

**指を使ってかぞえる**

10までの数であればお子さんの指を、10以上の数の時は大人の指も使いましょう

**物を置いて数える**

イラストの上に積木やおはじきを置いていき、全部で何個置くことができたのかをかぞえましょう

**頭の中だけで考えず、見てかぞえられるようにすることがポイントです**

### 文章を読んでも式が立てられない時は、キーワードを伝えましょう

りんごが5こと
すいかが4こ。
ぜんぶでなんこ？

5＋4＝

◎ **文章中の数字や、「ぜんぶで」という言葉に印をつけたり、マーカーで色分けしたりすることで、式を立てる時に必要な情報を集めましょう**

◎ **式を書く欄にも同じ印・色をつけておき、穴埋めする要領で式を完成させましょう**

**注意** 考え方に慣れないうちは、同じ問題をもとに『イラストだけを変えてアレンジ』したり、『数字だけを変えてアレンジ』したり、似ている問題を使って練習をしましょう。「できた！」という達成感が大切です。

心理士の
**知恵袋**

## キーワードを集めたカードを作っちゃおう！

文章題によく出てくる「ぜんぶで」「あわせて」「のこりは」などのキーワードを『たし算リスト』や『ひき算リスト』にまとめておき、式を立てる時のヒントとして活用しましょう。

たしざんリスト
ぜんぶで　あわせて

ひきざんリスト
のこりは　つかうと

# 同じ数に分けよう

いくつかのりんごを数人で分ける時、「ひとり何個ずつになるのか？」を考えるプリントです。「◯個をひとり分とする」という考え方は、かけ算やわり算の土台になる大切な考え方です。答えがわかりやすくなるよう、余りが出ないように問題を作っています。1つずつ配りながら考えたり、「だいたい◯個くらいかな」と当たりをつけて考えたり、ぜひお子さんの解き方にも注目してみましょう。

POINT1

最大で5人のお子さんで分ける問題を用意しました！

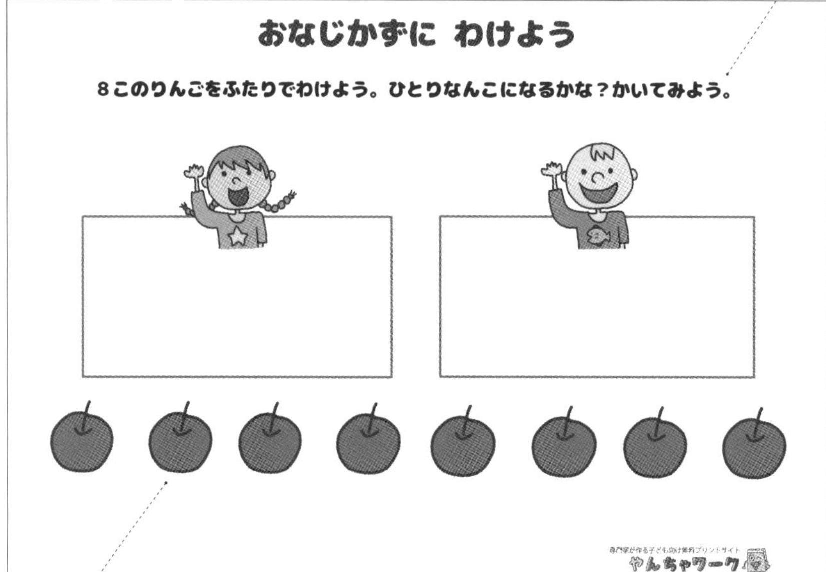


ダウンロードはこちら ▶ https://yanchawork.com/onajikazu/

お子さんが描きやすいように
すべてりんごのイラストを使用しています！

使い方のコツ

1 スムーズに取り組めるお子さんには、文章だけを見せて答えを考えてもらいましょう。

2 りんごのイラストをハサミで切り分けてのり付けするなど、手先の使い方を学ぶ機会にしても良いでしょう。

## こんな時の関わり方

### 途中で数がずれてしまう時は、『残りの数』をわかりやすくしましょう

『りんごを1つ分けたら、見本のりんごを1つ消す』というルールを決める

イラストのりんごを1つずつ切り分けて、枠の中に貼り付けるようにする

### 「だいたい◯個くらい」と考えている時は、りんごを細かく切らずに渡しましょう

▼

「だいたいこれくらい」という当たりをつけることは、数を量・まとまりとしてとらえる力につながります。
イラストのようにりんごを渡し、
お子さんに切ってもらうように伝えましょう。

心理士の
## 知恵袋

### かけ算、わり算の考え方を学ぼう！

プリントを解き終えたら、『りんご◯個分』のイラストを何種類も切り取っておきましょう。「2×3=？」「6÷2=？」などの式を見てもうまく計算ができない時、『2個分のイラストを3つ並べる』『6個分のイラストを2つに分ける』など、目で見て考えることに役立ちます。

2×3 =

6÷2 =

# 暗号かけ算

かけ算の答えに対応するひらがなを表から選び、四角い枠の中に書いていくプリントです。すべての問題を正しく解き終えると、『ひみつの暗号』を完成させることができます。単純な計算問題ではやる気が起きにくいお子さんでも、暗号探しをモチベーションに取り組めるため、人気の高いプリントです。

POINT 1

『ひみつの暗号』には、お子さんに馴染みのある言葉を選びました！

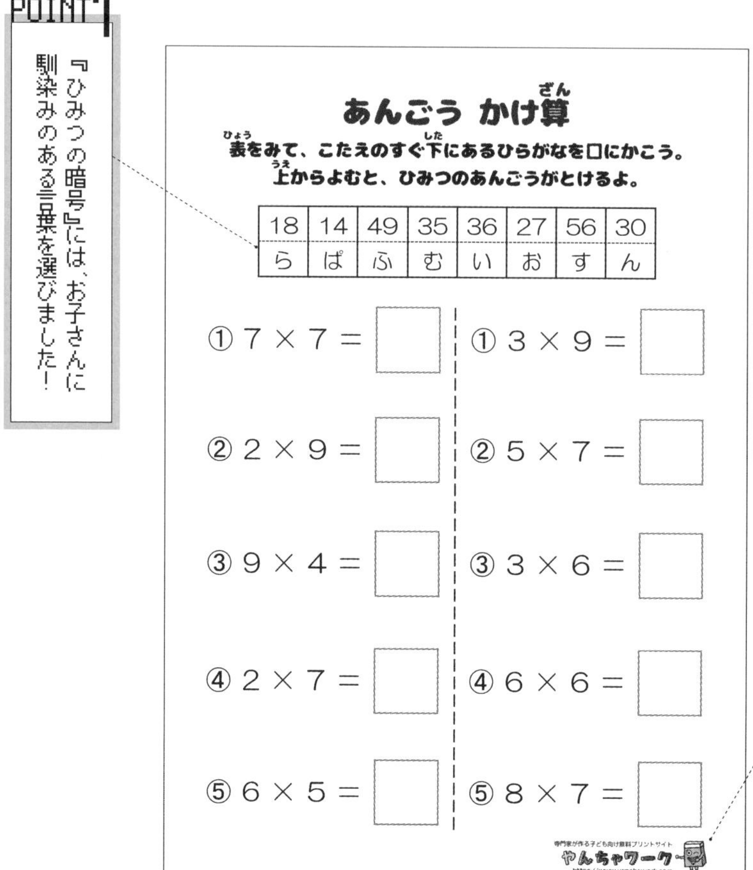

**あんごう かけ算(ざん)**

**表(ひょう)をみて、こたえのすぐ下(した)にあるひらがなを□にかこう。**
**上(うえ)からよむと、ひみつのあんごうがとけるよ。**

| 18 | 14 | 49 | 35 | 36 | 27 | 56 | 30 |
|---|---|---|---|---|---|---|---|
| ら | ぱ | ふ | む | い | お | す | ん |

① 7 × 7 = □

② 2 × 9 = □

③ 9 × 4 = □

④ 2 × 7 = □

⑤ 6 × 5 = □

① 3 × 9 = □

② 5 × 7 = □

③ 3 × 6 = □

④ 6 × 6 = □

⑤ 8 × 7 = □

専門家が作る子ども向け無料プリントサイト
やんちゃワーク
https://www.yanchawork.com

POINT 2

サイトには、たし算、ひき算、わり算のプリントもあります！

ダウンロードはこちら ▶ https://yanchawork.com/ango_kake/

1 見た目の問題数が多いと感じる場合は、中央の点線で左右の問題を切り分け、半分ずつ取り組んでもらいましょう。

2 「どんな暗号が隠れているのかな？」などと伝えて、モチベーションを高めましょう。

## こんな時の関わり方

### かけ算の答えがわからない時は、『かけ算表』を見ながら取り組みましょう

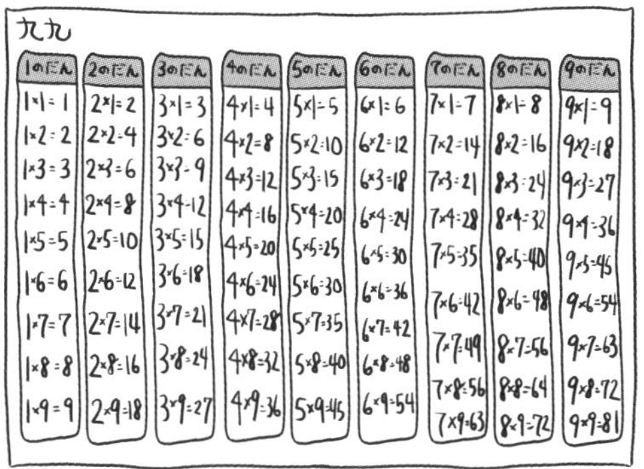

「何回唱えても九九が覚えられない！」という場合は、『見て覚える方法』が有効かもしれません。

イラストのような表を活用し、数字が規則的に増えていく様子を目で見ることで、かけ算の理解を深めていくと良いでしょう。

---

### 『答えを書く』ことを嫌がる時は、こんな風に工夫をしましょう

**お子さんに答えを言ってもらい、大人が代わりに書く**

**枠からはみ出しても良しとする**

**別の紙に大きめの枠を書き、そこに答えを書いてもらう**

**書くことが苦手な場合、『答えを書く』ことにこだわりすぎず、上記のような方法を取り入れてみることも大切です**

心理士の
**知恵袋**

### 暗号かけ算を作っちゃおう！

プリントの解き方に慣れてきたら、次はお子さんに問題を作ってもらいましょう。プリント作りを通して『かけ算』に楽しく触れることで、今後の学習意欲にもつなげていきましょう。

コラム
7

## 専門家・教員に聞いた！『やんちゃワーク』の良いところ

**やんちゃワークを使っていただいている先生方に、やんちゃワークの良いところを聞きました。**

やんちゃワークの良いところは、イラストの可愛さと、ちょうど良い問題量です！手の込んだ工夫をしなくても、お子さんが進んで取り組んでくれるので助かっています。

正解がないプリントが充実しているところです！答えがないから、すべて正解にできるんです。「そんな答えもあるよね」と認めてあげることができるし、「そういう考え方をしていたんだ！」という、私自身の気づきにもなります。失敗経験が多いお子さんも、答えがないことで安心できる子がいます。また、正解がないと大人の意見も伝えやすいんです。いろんな考え方があることの学びができるのって、すごく良いなと思います。

なんと言っても、お子さんに合わせた工夫がたくさんできるように作られているところです。紙を折る、線を引く、問題を切る、メモを書く、イラストを付け足す…あげれば切りがありませんが、一人ひとりのお子さんに合わせて工夫することを想定して作られているところに、なんだかすごく愛を感じます。そして、間違えた時にも説明しやすい配慮があり、指導者に対してもやさしいプリントだなと思っています。

課題別でプリントを探すことができるところが最高です！使い方や関わりのポイントも書かれているため、その視点でお子さんを観察することができます。保護者とお子さんの姿を共有する時の助けになっています。

皆さん、ご協力ありがとうございました！お子さんと関わる仕事をしているからこその、貴重なご意見でした。やんちゃワークでは、「こんなプリントが欲しい」「こんな説明が欲しい」などのご要望をいつでも承っています。ぜひ、やんちゃワークのサイト内にある『お問い合わせ』からご連絡ください♪

## 参考文献

大六一志(2000).拗音表記の読み書き習得の必要条件—言語発達遅滞事例による検討—. 特殊教育学研究, 38(2), 21-29.

藤枝静暁・相川充 (2001). 小学校における学級単位の社会的スキル訓練の効果に関する実験的検討 教育心理学研究, 49, 3, 371-381.

藤田和弘・熊谷恵子・高畑芳美・小林玄 (2015). 長所活用型指導で子どもが変わる Part4 認知処理様式を生かす遊び・生活・行事の支援 図書文化

藤田和弘 (2019).「継次処理」と「同時処理」学び方の2つのタイプ 図書文化

古島千尋・笹森洋樹 (監修) (2021). 社会性や書字に困難さのある子どもへのプリントを使った支援 実践みんなの特別支援教育, 577, 40-42.

深谷達史 (2017). 知識の習得・活用および学習方略に焦点をあてた授業改善の取り組み 算数の「教えて考えさせる授業」を軸に 教育心理学研究, 65, 4, 512-525.

後藤多可志・宇野彰ら(2010).発達性読み書き障害児における視機能,視知覚および視覚認知機能について, 音声言語医学, 51, 38-53.

服部美佳子(2002).平仮名の読みに著しい困難を示す児童への指導に関する事例研究. 教育心理学研究, 50, 476-486.

日比野桂・湯川進太郎 (2004). 怒り経験の鎮静化過程 感情・認知・行動の時系列的変化 心理学研究, 74, 6, 521-530.

本田秀夫 (2013). 自閉症スペクトラム 10人に1人が抱える「生きづらさ」の正体 SBクリエイティブ

井上雅彦・原田英之・石坂美和 (2019). 発達が気になる幼児の親面接 支援者のためのガイドブック 金子書房

岩澤一美 (2014). クラスが変わる！子どものソーシャルスキル指導法　ナツメ社

海津亜希子 (2002).LD児の学力におけるつまずきの特徴—健常児群との学年群ごとの比較を通して—. 国立特殊教育総合研究所研究紀要, 29, 11-32.

北出勝也 (2015). 発達の気になる子の学習・運動が楽しくなるビジョントレーニング ナツメ社

腰川一恵・佐々木清子 (2017). 発達障害の子をサポートする 生活動作・学習動作 実例集 池田書店

香野毅(2010).発達障害児の姿勢や身体の動きに関する研究動向, 特殊教育学研究, 48(1), 43-53.

熊谷恵子・青山真二・藤田和弘 (2000). 長所活用型指導で子どもが変わる Part2 国語・算数・日常生活のつまずきの指導 図書文化社

熊谷恵子・山本ゆう (2018). 通常学級で役立つ算数障害の理解と指導法 みんなをつまずかせない！すぐに使える！アイディア48 学研プラス

室橋春光(2009).読みとワーキングメモリー —「学習障害」研究と認知科学—, LD研究, 18(3), 251-260.

仲真紀子 (1997). 記憶の方法ー書くとよく覚えられるか？ 遺伝, 51(1), 25-29.

小野寺孝義・磯崎三喜年・小川俊樹 (2011). 心理学概論 学びと知のイノベーション ナカニシヤ出版

小野純平・小林玄・原伸生・東原文子・星井純子 (2017). 日本版KABC-IIによる解釈の進め方と実践事例 丸善出版

三宮真智子 (2008). メタ認知 学習力を支える高次認知機能 北大路書房

島村直己・三神廣子(1994).幼児のひらがなの習得—国立国語研究所の1976年の調査との比較を通して—. 教育心理学研究, 42, 70-76.

スポーツ庁 (2021). 令和2年度体力・運動能力調査報告書 (2021.9.) https://www.mext.go.jp/sports/content/20210927-spt_kensport01-000018161_6.pdf (2021.10取得)

洲鎌盛一 (2013). 乳幼児の発達障害診療マニュアル 健診の診かた・発達の促しかた 医学書院

吉田梨乃・斎藤富由起 (2020). 授業中の姿勢に対する教師の基本的まなざしに関する基礎的研究 千里金蘭大学紀要,17, 023-027.

# 謝辞・あとがき

公認心理師である私は、療育施設での支援や、保育園・学校での巡回相談、カウンセリングなどの仕事を通して経験を積みながら、現在もお子さんの発達に関わる仕事をしています。お子さんへの支援を行う中では、プリントやおもちゃなど、様々な教材を使ってきましたが、専門家が作る教材は価格が高いものが多く、その一方、無料で使えるプリント教材も、専門的な視点からは使いにくいものが多いことを感じていました。そこで、学校や療育施設に限らず、ご家庭でも広く使ってもらえるよう、専門性が高いプリント教材を無料でダウンロードできるやんちゃワークのサイトを開設するに至りました。

開設後、大変多くの反響をいただきました。「こんなプリントが欲しかった！」「子どもが初めて文字の勉強を楽しくやりました！」など、皆さんからいただいた言葉で何度涙を流したかわかりません。もともとこのサイトは、これまで私が関わらせていただいた方々へのお礼で作ったものでした。

社会学科の大学を卒業し、心理学の大学院に入学した私は、知識も浅く、スキルもなく、わからないことだらけでした。就職後、そんな私を信じてお子さんの支援を任せてくださったご家族、私との勉強を楽しいと言ってくれたお子さんたち、右も左もわからない私に多くのことを教えてくださった先輩方や同僚。やんちゃワークは、そんな皆さんへのお礼で作ったものでした。しかし、開設後にいただいた言葉は、たくさんの「ありがとう」でした。本当は、「ありがとう」を言いたいのは私の方なのです。

今回の書籍化にあたっては、ナガオ考務店の長尾彰さんの支えが大きくありました。長尾さんが「本にしよう」と声をかけてくださり、本書の執筆がスタートしました。毎回夜遅くまで打ち合わせ、「全部好きに書けば良い」と言ってくださいました。大変貴重な経験をさせていただきました。長尾さんの温かさに感謝しています。

編集担当の藤田貴久さんには、文章をきれいにまとめていただいただけでなく、文章の構成や表現方法について、的確なご助言をいただきました。本書の装丁・デザイン担当の安藤次朗さんには、安藤さんの愛が込められた素晴らしいデザインをしていただきました。おふたりと共に本書を仕上げられたことをうれしく思います。

本書の出版に伴い、一般の方々からやんちゃワークの使い方を募集させていただきました。保護者の方だけでなく、教員の方からもご応募をいただきました。皆さんが実際に使ってくださっている様子を伺い、やんちゃワークが楽しい時間を過ごす一助になれていることに感動致しました。貴重な声をいただき、ありがとうございました。

服部真侑 先生　すらんぷ 様　S.MAENO 様
ころりん 様　そんなあかり 様

本書の執筆にあたっては、同じ心理士である仲間に大変助けていただきました。

石川有美先生には、コラム2とコラム5をご担当いただきました。先生の優しさと想いが伝わる内容となっています。本文では補い切れなかった部分を、わかりやすく解説していただきました。

前川圭一郎先生には、コラム3をご担当いただきました。お子さんを『気になる子』としてとらえて終わるのではなく、気になる行動がなぜ起こるのかを観察・分析することが大切であることを解説していただきました。『誰のせいにもしない』という考え方に、先生の想いを感じました。また前川先生には、コラムの執筆だけではなく、本書のあり方についてもご助言をいただきました。

古島時夫先生には、コラム6をご担当いただきました。ご自身の経験から、お助けグッズをご紹介いただき、お子さんの困り事に応じた対応について、大変丁寧に解説していただきました。

また、プリントの使い方の案出しや本文の添削、本書の信頼性の確認など、多くの方にご協力をいただきました。皆さんの支えがあって、本書を仕上げることができました。職場が離れてもこうしてお付き合いいただけていることを、心からうれしく思います。紙面の都合上、お名前の列挙になりますことをお許しください。

前川圭一郎 先生　石川有美 先生　古島時夫 先生
山﨑さゆり 先生　荻野昌秀 先生　石井朋奈 先生
菅野聡実 先生　星野唯 先生

ただし、本書に書かれていることのすべての責任は、やんちゃワークの管理人である私にあります。ご意見やご指摘がございましたら、私までお願いできますと幸いです。

やんちゃワークおよび本書は、運営メンバーによって創られたものです。デザイナーの渡邊千晶氏には、本書の文章だけではわかりにくい部分を、可愛いイラストで補ってもらいました。やんちゃワークの人気は、あなたの想いが込められたイラストによる部分が多くあります。あなたのイラストは、あなたのように個性的で、どこか人をワクワクさせ、多くの人への配慮を忘れない、愛のあるイラストです。これからも、あなたが描くイラストを楽しみにしています。また、須賀世波氏には、本文の添削をしていただきました。いつも快くサポートを引き受けてくれてありがとう。そして、WEBデザイナーの佐藤小林氏、保育士のきぃさん、事務のりょっちーには、サイトの運営だけでなく、日頃から多くの支えをいただき感謝しております。仲間がいるから頑張れました。本当にありがとう。

最後に、本書を出版できたことには、家族の協力が大きくありました。執筆中、私はお世辞にも良い妻とは言えないほど、執筆に時間を割きました。そんな私に文句一つ言わず、頑張れと言うわけでもなく、いつも通りに、ただ静かに隣にいてくれました。そんな夫に、どれだけ支えられたかわかりません。私が自分らしくいることができるのは、あなたがいるからです。こんな私と一緒にいてくれることに、心から感謝しています。

大学時代、キャンプのボランティアで関わったお子さんが夜景を見て、「わぁ、未来みたいだね」と言ったことが、私がこの仕事に就く決心をした大きなきっかけでした。「この子たちが思う未来は、こんなにも綺麗なんだ…私もその人生に関わらせてもらえないかな」と、自分勝手ながら強く思ったことを今でも覚えています。あの輝く未来を、今でも夢見ています。

本書が、少しでも子どもたちの輝く未来につながりますように。

**やんちゃワーク管理人**
**古島千尋**

やんちゃワークで実践！
**発達に遅れや偏りがある子の“楽しい学び”が見つかる本**

2022年9月11日 第1版第1刷発行

**著者**……古島 千尋
**発行者**……長尾 彰
**発行所**……ナガオ考務店
〒155-0033 東京都世田谷区代田6-8-17
03-6665-0803
https://akirabooks.jp/
**発売元**……株式会社星雲社（共同出版社・流通責任出版社）
〒112-0005 東京都文京区水道1-3-30
03-3868-3275（注文専用）
**ブックデザイン**……安藤 次朗
http://www.jiroando.com
**イラスト**……渡邊 千晶
**編集**……藤田 貴久
**印刷・製本**……シナノ印刷株式会社

落丁・乱丁本はお取替えいたします。
内容に関するお問い合わせは **https://akirabooks.jp/** よりお願いいたします。


ISBN978-4-434-30975-5 C0037 ¥2200E